Oliver Lang • Wolfgang Peter-Michel • Joe Vogel

BLACKOUT
WORKSHOP

WIELAND

Oliver Lang ▪ Wolfgang Peter-Michel ▪ Joe Vogel

BLACKOUT WORKSHOP

Krisenvorsorge: Do-it-Yourself-Projekte
für kleinere und größere Katastrophen

2. Auflage, 2022

ISBN 978-3-948264-06-2

Wieland Verlag GmbH, Rosenheimer Straße 22, D-83043 Bad Aibling
Telefon 08061/38998-0, Fax 08061/38998-20
Internet: www.wieland-verlag.com
E-Mail: info@wieland-verlag.com

Fotos: Patricia Braun, Oliver Lang, Wolfgang Peter-Michel (soweit nicht anders vermerkt)

Umschlaggestaltung und Layout: Caroline Wydeau

Druck: Print Consult

Printed in EU

INHALT

Fitnesstraining der anderen Art: Stromerzeugung per Muskelkraft auf dem umfunktionierten Fahrrad. Es geht und kann in Krisenzeiten entscheidend sein.

VORBEREITUNG FÜR DIE KRISE

Naturkatastrophen, Unglücke, terroristische Anschläge, Krieg, technische Defekte, menschliches Versagen – die möglichen Ursachen für Krisensituationen sind vielfältig. Und man hat den Eindruck, dass die Gefahren immer größer werden. Der Klimawandel führt vermehrt zu extremen Wetterphänomenen, die politische Lage wirkt bedrohlich (wer hätte gedacht, dass wir in Europa wieder brutale Angriffskriege erleben müssen?), die technischen Systeme in der Kommunikation und Energieversorgung werden immer komplexer und sensibler. Experten warnen seit Jahren davor, dass es nur eine Frage der Zeit ist, bis es zu einem großflächigen Ausfall der Stromnetze kommen wird – mit kritischen Folgen für die Infrastruktur und die soziale Ordnung.

Wir können dagegen nicht viel tun – außer uns vorbereiten, so gut es geht. Dazu gehört, Alternativlösungen improvisieren zu können, wenn es notwendig werden sollte. In diesem Workshop-Buch haben wir zehn Do-it-yourself-Projekte und viele Tipps zusammengestellt, die aus unseren Zeitschriften Survival Magazin, Tactical Gear und Blackout entnommen sind. Das Themenspektrum reicht vom Kochen mit Teelichtern, Holz und Sonnenenergie über die Erzeugung von Strom mit Muskelkraft, das Kühlen ohne Kühlschrank und das Wassererhitzen mit einem selbst gebauten Sonnenkollektor bis zur improvisierten Schutzmaske, Alternativen zum gekauften Desinfektionsmittel und schließlich zur Sicherung der eigenen vier Wände, was im Krisenfall eine ganz neue Bedeutung bekommen kann. Ergänzt und abgerundet wird diese Sammlung von einer Einführung ins Thema Krisenvorsorge und wichtige Tipps für die Vorratshaltung. Damit Sie auf den Fall der Fälle vorbereitet sind.

Wir haben diesen Band mit einer sogenannten Wire-O-Bindung verarbeitet. Der Vorteil ist, dass er mit aufgeschlagenen Seiten liegenbleibt und nicht einfach zusammenklappt. Das ist ein nicht zu unterschätzender Vorteil, wenn man am Basteln ist und beide Hände dafür braucht! Die Anleitungen sind Schritt-für-Schritt aufgebaut und illustriert, so dass man die Projekte möglichst einfach nachbauen kann.

Wir empfehlen, sich damit nicht erst dann zu beschäftigen, wenn die Krise da ist, sondern schon jetzt. So kann man ohne Stress das eine oder andere ausprobieren und vorbereiten. Das macht sogar Spaß! Wenn es dann darauf ankommt, wissen Sie, was zu tun ist. Das gibt ein gutes Gefühl. Und das allein ist schon viel Wert, selbst wenn man es tatsächlich nie brauchen sollte.

Hans Joachim Wieland,
Herausgeber

Foto: andreusK – stock.adobe.com

EINE SACHE DER WAHRNEHMUNG

Das Thema Blackout ist inzwischen in der Öffentlichkeit angekommen. Doch nicht jedem sind die weitreichenden Folgen eines länger andauernden Stromausfalls oder einer anderen Krisensituation bewusst. Unser Ratgeber hilft dabei, sich richtig vorzubereiten. Denn nur wer Eigenverantwortung übernimmt, kann auch anderen helfen.

Wenn der Kühlschrank nicht mehr brummt, das Rauschen in den Heizungskörpern aufhört, das Kreischen der Straßenbahn verstummt, Spotify keine Titelvorschläge mehr abspielt, das Gequatsche des Quizshows einem schwarzen Bildschirm weicht, der Computer keinen neuen E-Mail-Eingang vermeldet und sich die Wohnungs- und Straßenbeleuchtung gleich mit verabschiedet, dann könnte man diese Stille eigentlich genießen.

Es sei denn, es treten andere Geräusche in den Vordergrund: Das Quietschen von Autoreifen, wenn auf einmal die Ampelsysteme versagen, Hilferufe von Menschen, die in Fahrstühlen, U-Bahnen und Zügen festsitzen, Sirenen von Einsatzfahrzeugen, die Verunfallten zu Hilfe eilen, schlotternde Knie und klappernde Zähne, weil die Heizung versagt, oder das Röcheln der trockenen Wasserleitung, wenn man versucht, die Toilette zu spülen – was bei einem Blackout, also dem Ausfall der kritischen Infrastruktur und Energieversorgung, alles zu erwarten ist.

ÜBERSTEHEN STATT GEWINNEN

Rien ne vas plus – nichts geht mehr! Birgt dieser Spruch beim Roulette noch eine gewisse Chance auf einen Gewinn, geht in unserer zivilisierten Welt bei einem Stromausfall tatsächlich nichts mehr. Gewinner gibt es dabei keine. Ein großflächiger, mehrtägiger Stromausfall in Deutschland käme einer nationalen Katastrophe gleich. So drastisch stellte es das Büro für Technikfolgenabschätzung beim Deutschen Bundestag schon 2010 in einer umfassenden Studie zur Stromversorgungssicherheit fest.

Insbesondere Großstädte und Metropolregionen werden bei einem Stromausfall schlagartig lahm gelegt, da fast jede Infrastruktur direkt oder indirekt vom Strom abhängt. Dazu gehören die Verkehrssysteme, das Notfall- und Rettungswesen, staatliche Behörden und Verwaltungen und Infrastrukturen wie die Informationstechnik und Telekommunikation. Alle strombetriebenen Anlagen und Geräte, die nicht an Notstromanlagen angeschlossen oder batteriebetrieben sind, fallen schlagartig aus.

WIE ES ZU EINEM BLACKOUT KOMMEN KANN

In den vergangenen Jahrzehnten wurden unsere Stromnetze immer verknüpfter und auch komplizierter, die Abhängigkeit vom Strom wurde insgesamt immer größer.
Zur Energiegewinnung aus Braun- und Steinkohle, Kernkraft, Gas oder Wasser kamen zunehmend alternative Energieträger wie Windenergie, Photovoltaik oder Biomasse. Der in all diesen Kraftwerken erzeugte Strom treibt unser modernes Leben an. Über Hochspannungsleitungen gelangt der Strom durch Umspannungswerke und Leitungen mit geringerer Spannung in unsere Häuser und Wohnungen. Kompliziert wird das Ganze unter anderem dadurch, dass elektrische Energie kaum gespeichert werden kann. Stattdessen schießt der Strom kreuz und quer durch Europa: von dort, wo er produziert wird, dahin, wo er gerade gebraucht wird. Der Stromverbrauch durch die Bevölkerung und die Industrie ist dabei nicht gleichmäßig. Er schwankt, was zu laufenden Frequenzänderungen führt. Übermäßige Frequenzschwankungen jedoch beschädigen die Stromverbindungen.
Im Thriller „Blackout" von Marc Elsberg (Blanvalet-Verlag) findet man dazu eine eingängige Analogie, in der das Stromnetz mit dem Blutkreislauf des Körpers mit seinen Hauptadern und den immer feiner werdenden Blutgefäßen verglichen wird. Nur gibt es dabei nicht nur ein Herz, sondern unzählige. Sie sind die Kraftwerke. Und wie es beim Menschen ist, muss die Abstimmung so fein sein, dass es zu keinen maßgeblichen Schwankungen der Herzfrequenz oder des Blutdrucks kommt. Sonst droht die Ohnmacht bis hin zum Tod. Das international miteinander verbundene Stromnetz muss also in einem sensiblen Gleichgewicht gehalten werden. Und das macht sie anfällig für sogenannte Kaskaden-Effekte: lokale Störungen können sich über Rückkopplungseffekte zu massiven Problemen auftürmen, die das ganze Stromnetz lahm legen können.

Dazu braucht es manchmal nur zwei versäumte Telefonanrufe, wie der Stromausfall in Europa im November 2006 zeigte. Dabei waren mehrere Länder – und mit ihnen zwölf Millionen Menschen – teils stundenlang ohne Strom.

Das Kreuzfahrtschiff „Norwegian Pearl" sollte über die Ems verlegt werden. Die Abschaltung einer Hauptleitung belastete das Stromnetz jedoch stärker als erwartet. Dazu kam, dass die Abschaltung der Leitung vorgezogen wurde (hier kommen die Telefonanrufe ins Spiel), ohne die anderen beteiligten Übertragungsnetzbetreiber rechtzeitig zu informieren, so dass diese keine Chancen mehr hatten, ihre Kapazitäten anzupassen. Innerhalb von Sekunden schaukelte sich alles auf und führte zu massiven Störungen. Ob das Ganze heute genauso glimpflich abgelaufen wäre, lässt sich nicht sagen.

Für eine Störung des sensiblen Gleichgewichts können aber auch geplante Manipulationen und Hackerangriffe verantwortlich sein. Es kann sich auch um Naturkatastrophen wie Erdbeben oder Stürme handeln, um Hochwasser und Sturmfluten, um massive Kälteeinbrüche, menschliches Versagen, Sonnenstürme oder terroristische Anschläge auf die Infrastruktur.

Die Telefonnetze werden nur wenige Stunden mit Notstrom versorgt. Mobilfunkanlagen und auch Basisstationen für den digitalen Funk von Polizei und Rettungskräften sind jedoch nur zum Teil notstromversorgt. Etwas länger halten gut ausgestattete Rundfunkanstalten durch, die man dann noch über batteriebetriebene Radios oder Autoradios empfangen kann.

Im Bereich der häuslichen Pflege oder in Dialysezentren werden Hilfsgeräte lahmgelegt, die lebensnotwendig sind. Selbst zum Teil mit Notstromaggregaten versorgte Einrichtungen wie Krankenhäuser können das nicht kompensieren, da auch ihr Treibstoffvorrat auf wenige Tage beschränkt ist. Wasser gelangt ebensowenig in die Wohnungen wie Benzin in die Zapfanlagen, da die benötigten Pumpen ihren Betrieb eingestellt haben. Kassensysteme in Supermärkten und Apotheken fallen aus. Haben diese dann noch geöffnet, heißt es: Nur Bares ist Wahres. Aber auch die Geldautomaten brauchen Strom. Ohnehin geht man davon aus, dass die Regale in den Supermärkten nach wenigen Tagen leer gekauft oder gar geplündert sind. Und Nachschub wird nicht kommen, da die Ware in nicht mehr kühlenden Kühlhäusern vergammelt und auch gar nicht transportiert werden kann, aufgrund von Treibstoffmangel und Chaos.

Dramatisch ist ein Stromausfall auch für die Viehzucht und die Landwirtschaft. Was, wenn Kühe nicht mehr gemolken und Küken nicht mehr gewärmt werden können? Und wie sieht es in der chemischen Industrie oder bei der Atomkraft aus? Denn auch abgeschaltete Reaktoren müssen weiter gekühlt werden. Mit Störungen ist zu rechnen. Niemand hofft, dass es wirklich soweit kommt. Doch wie man so sagt: Das Beste hoffen und aufs Schlimmste vorbereitet sein! Denn wenn ein längerer Stromausfall eintritt, drohen Chaos, menschenunwürdige Zustände und ebensolches Verhalten.

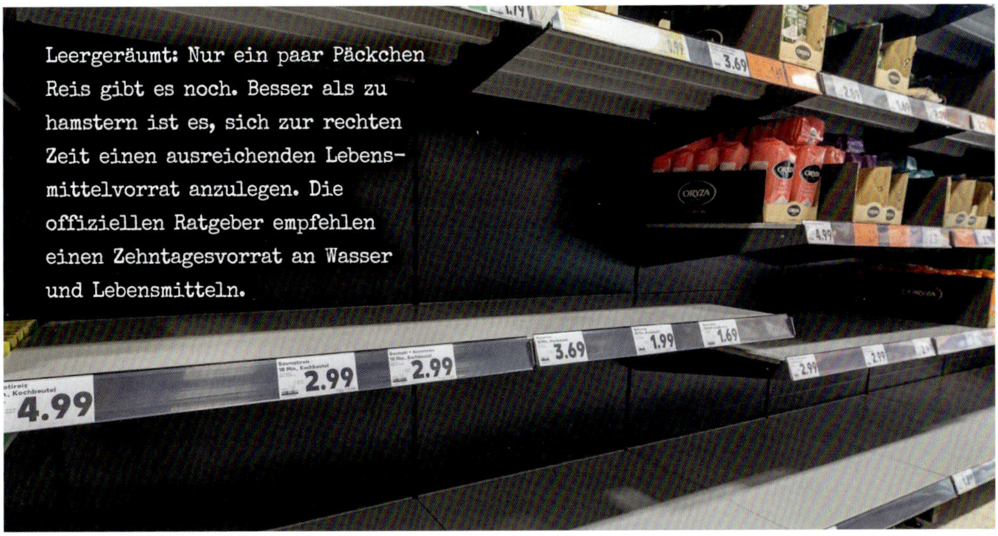

Leergeräumt: Nur ein paar Päckchen Reis gibt es noch. Besser als zu hamstern ist es, sich zur rechten Zeit einen ausreichenden Lebensmittelvorrat anzulegen. Die offiziellen Ratgeber empfehlen einen Zehntagesvorrat an Wasser und Lebensmitteln.

Foto: Ronald Rampsch – stock.adobe.com

Foto: mb67 – stock.adobe.com

Viele mögliche Gründe: Als Auslöser eines Blackouts kommen zahlreiche Ursachen infrage, auch Naturkatastrophen.

WARNUNGEN UND GUTE ZEITEN

Als Leser dieses Workshop-Bands gehören Sie offensichtlich nicht zur Mehrheit der Menschen, die Warnungen nicht ernst nimmt, so lange die Zeiten gut sind. Wobei die jüngste Vergangenheit so gut gar nicht war, man denke an die verheerende Flutkatastrophe 2021 im Ahrtal. Ein Ereignis, bei dem allein in Rheinland-Pfalz 135 Menschen ums Leben kamen und bei dem auch menschliches Versagen und Kommunikationsprobleme zwischen den verantwortlichen Ämtern und Krisenstäben eine Rolle gespielt haben. Man denke auch an kriegerische Auseinandersetzungen in Europa, die wir vor kurzem noch für unmöglich gehalten haben.

In den Sinn kommen auch ausgeräumte Supermarktregale aufgrund von Hamsterkäufen zu Beginn der Corona-Krise. In diesem Zuammenhang kam es in Einzelfällen sogar zu Handgreiflichkeiten. Und etliche Menschen stellte der Mangel vor Toilettengang-Probleme.

Man sollte, ja man darf sich einfach nicht darauf verlassen, dass „die da oben" tatsächlich stets wissen, was sie tun und die Verantwortung für die Bevölkerung in jedem Ausnahmezustand vollumfänglich übernehmen – oder überhaupt in der Lage dazu sind, diese übernehmen zu können. Denn Eigenverantwortung und Vorbereitung gehören seit jeher zum Menschsein und sind für viele Katastrophen und insbesondere ein Blackout-Szenario der Schlüssel zum Überleben.

KATASTROPHEN – EIN TEIL DES LEBENS

Katastrophen gehören zum Leben – auch in der so geordneten Bundesrepublik Deutschland. Dabei sind es nicht nur große Naturkatastrophen wie Erd- oder Seebeben, Sturmfluten, Lawinenabgänge oder Orkane, die fatale Folgen haben können. Schon ein örtlicher Starkregen, ein schwerer Sturm oder ein bei Tiefbauarbeiten durchtrenntes Stromkabel können dazu führen, dass die übliche Versorgung unterbrochen ist und man längerfristig ohne Strom auskommen muss. Dazu kommen Ereignisse wie Schutz- und Überlastungsabschaltungen, terroristische Anschläge, Hackerangriffe oder schlichtweg menschliches Versagen, die ganze Landstriche oder das Land lahm legen und für den Einzelnen zur lebensbedrohlichen Erfahrung werden können.

EIN KLEINES EXPERIMENT

Wie sich ein „Stromausfall light" anfühlt, lässt sich mit einem kleinen Experiment erleben: Legen Sie einfach mal für ein oder zwei Tage den Hauptstromschalter um oder kleben Sie, falls das aufgrund der Wohnsituation nicht möglich ist, alle Lichtschalter auf „Off" fest, ziehen Sie die Stromkabel und lassen Sie die Finger weg von der Spülung und den Wasserhähnen. Dann füllen Sie einmal die Badewanne und schauen, wie es Ihnen ergeht.

Schnell wird dabei offensichtlich, wie rasch ein Haus ohne Heizung auskühlt, wie abgeschnitten von der Außenwelt man ohne Fernseher, Radio, Computer und Smartphone ist, wie empfindlich Lebensmittel auf die Temperaturerhöhung im Kühlschrank reagieren, wie unkomfortabel es sich mit wenig Wasser lebt und wie dunkel es im eigenen Haus werden kann. Man wird schnell erkennen, welche alternativen Lichtquellen rund ums Haus sinnvoll sind, wie viele Batterien man dafür und für den Betrieb von Radios, Funkgeräten und Taschenlampen benötigt und wie wichtig ein paar warme Decken und Schlafsäcke, alternative Heiz- und Kochgeräte und Wasserfilter werden.

JEDER TUT SEIN BESTES

Natürlich gibt es in Deutschland viele Einrichtungen, die in einem Katastrophenfall wie einem Blackout helfend eingreifen: Feuerwehr, Polizei, Rettungsdienste, das Technische Hilfswerk, Katastrophenschutzorganisationen und das Militär werden mit Sicherheit ihr Bestes tun, um die Versorgung und öffentliche Ordnung aufrecht zu erhalten.

Doch in letzter Instanz muss jeder Bürger auch Eigenverantwortung übernehmen, um sich selbst zu schützen und Hilfskräfte nicht über Gebühr zu strapazieren. So heißt es im Ratgeber „Katastrophen-Alarm" des Bundesamts für Bevölkerungsschutz und Katastrophenhilfe (BBK): „Auch die beste Hilfe ist nicht immer sofort zur Stelle... Wenn Sie sich und Ihren Nachbarn selbst helfen können, sind Sie klar im Vorteil. Es kommt dann auf jeden Einzelnen an."

Ganz in diesem Sinne ist dieses Buch konzipiert. Es enthält zahlreiche Tipps für Projekte, die einen unabhängig von der gängigen Infrastruktur machen und im Falle eines – auch länger währenden – Blackouts helfen, eine schwere Krise zu überstehen.

Das fängt beim Einbruchschutz an. Denn wenn sich Krisen zuspitzen, gilt leider, dass sich jeder selbst der nächste ist. Schwere Zeiten werden auch von berufsmäßigen Verbrechern ausgenutzt. Sie finden aber auch Informationen zum Bau eines Notkühlschranks, der komplett ohne Strom auskommt und stattdessen auf die kühlende Wirkung der Verdunstung setzt.

VORAUSSCHAUEND PLANEN GIBT SICHERHEIT

Vorratshaltung ist für einen Großteil der Menschen in Deutschland ein Fremdwort. So etwas galt als überholt und wirkte in Zeiten, in denen Supermärkte zwölf Stunden am Tag geöffnet und gut gefüllt sind und das Amazon-Paket nicht mal 24 Stunden nach Bestellung vor der Tür liegt, fast schon absurd. Die meisten älteren Mitbürger – die noch den Zweiten Weltkrieg und die Jahre danach erlebt haben – sehen das jedoch anders.

Die offiziellen Empfehlungen des BBK sahen allerdings – und das nicht erst in den letzten Jahren – stets eine gewisse Vorratshaltung vor: Hamsterkäufe nein, Vorräte ja! So äußerte sich auch die ehemalige Bundeskanzlerin Merkel in ihren öffentlichen Ansprachen zu Beginn der Corona-Krise 2020.

Die Realität freilich sah anders aus. Denn Menschen, die gewohnt sind, jeden Tag nur das gerade Notwendige einzukaufen , sahen sich im Rahmen der Lockdown-Maßnahmen plötzlich neuen Problemen gegenüber. Dass die Versorgung der Bevölkerung mit den notwendigen Dingen des Alltags gesichert sei, wurde zwar stets behauptet, doch darauf verlassen wollten sich die wenigsten. Als Folge waren die Regale über Wochen leer. Desinfektionsmittel, Einmalhandschuhe, Schutzmasken, Mehl, Nudeln und das berüchtigte Toilettenpapier waren schlagartig Mangelware oder wurden zu Mondpreisen von privaten Anbietern angeboten.

Was also, wenn die notwendigen Dinge des Alltags aufgrund eines massiven Stromausfalls oder Betriebsschließungen – zum Beispiel aufgrund hohen Krankenstands oder Infektionsschutzmaßnahmen – nicht mehr produziert werden, sich die Kühlkette nicht aufrecht erhalten lässt und die Logistik – aufgrund der mangelnden Verfügbarkeit von Treibstoff – zusammenbricht? Was, wenn unklar ist, ob man die eigenen vier Wände noch verlassen kann, sei es wegen Ausgangsbeschränkungen oder der durchaus nachvollziehbaren Sorge, sich dabei in Gefahr zu begeben? Viele Menschen werden in kurzer Zeit das nachholen, was sie schon lange vorher hätten tun können und sollen.

Die Ratschläge des Bundesamts für Bevölkerungsschutz und Katastrophenhilfe wollen wir um einige spezielle und erprobte Tipps erweitern. Wer sich daran hält, hat bessere Chancen, einen längerfristigen Stromausfall besser zu überstehen und bleibt handlungsfähig – und ist so vielleicht auch in der Lage, Schwächeren zu helfen.

WASSER UND LEBENSMITTEL

Besonders wichtig ist ein ausreichender Vorrat an Lebensmitteln und Wasser. Die öffentlichen Empfehlungen lauten, dass man für zehn Tage Selbstversorgung vorbereitet sein sollte. Diese Zeitdauer kann man als Mindestdauer annehmen. Am

Geschmackssache: Bei der Lebensmittelbevorratung sollte man darauf achten, dass es auch schmeckt.

Foto: locoleal – stock.adobe.com

Ende der Mobilität: Stromausfälle, aber auch Überschwemmungen, stören den Betrieb der notwendigen Pumpen.

Foto: EVERST – stock.adobe.com

Enorm wichtig: Gerade die Versorgung mit Wasser wird bei einem Blackout zum Überlebensfaktor.

wichtigsten ist dabei die Versorgung mit Wasser.

Gemäß der bekannten „3-er Regel" übersteht man drei Monate ohne soziale Kontakte, drei Wochen ohne Nahrung, drei Tage ohne Wasser, drei Stunden in der Kälte, drei Minuten ohne Sauerstoff und drei Sekunden ohne eine an die aktuelle Situation angepasste Aufmerksamkeit.

Bei einem angenommenen Bedarf von zwei Litern Wasser am Tag sind für zehn Tage 20 Liter pro Person notwendig. Ein handelsüblicher Kasten Wasser fasst rund achteinhalb Liter. Drei Kästen pro Person sollte man also dauerhaft als Reserve haben. Dazu noch ein paar Flaschen vom Lieblingssoftdrink, Fruchtsaft oder Bier (es gibt auch ordentliches Alkoholfreies), die für Abwechslung sorgen und die Moral unterstützen. Wir empfehlen zusätzlich die Anschaffung hochwertiger Wasserfilter, mit denen sich im Notfall auch das Wasser aus Brunnen, Flüssen oder Seen trinkbar machen lässt.

Zusätzliches Wasser benötigt man zur Zubereitung von Mahlzeiten. Für 500 Gramm Nudeln braucht man mindestens 1,5 Liter. Planen Sie für Ihren Essensvorrat daher auch ausreichend Kochwasser ein. Auch hier sollten es für zehn Tage mindestens 20 Liter pro Person sein. Um kein Wasser fürs Abspülen des Geschirrs zu verschwenden, kann man Einweggeschirr nutzen. Pappteller und -becher können später in einer Feuerstelle verbrannt werden.

Wasser benötigt man aber auch für die tägliche Hygiene – und die ist eine der wichtigsten Vorsorgemaßnahmen, um gesund zu bleiben. Stellen Sie sich vor, was passiert, wenn ein ganzes Hochhaus oder ein bevölkertes Stadtviertel auf einmal aufgrund eines Stromausfalls ohne Wasser-

Im Fokus: Händewaschen ist und bleibt eine der wichtigsten Hygienemaßnahmen, um gesund zu bleiben.

versorgung dasteht. Vermutlich werden sich die wenigsten Bewohner darauf vorbereitet haben. Auf die Toilette müssen die Menschen aber nach wie vor. Wo wird das dann erledigt? Was, wenn auch die Abwassersysteme überlastet sind? Das endet schnell in einer schwierigen Situation mit erhöhtem Krankheitsrisiko und Ungezieferbefall.

ZUM RICHTIGEN HÄNDEWASCHEN

Das Händewaschen ist und bleibt eine der wichtigsten und wirkungsvollsten Hygienemaßnahmen, da die Hände der häufigste Überträger von Krankheitserregern sind. Sie kommen häufig mit Keimen in Kontakt und können diese in der Folge auf alles übertragen, das anschließend angefasst wird. Berührt man mit den Händen dann die Bereiche um Mund, Nase oder Augen, können die Erreger über die Schleimhäute in den Körper eindringen und eine Infektion auslösen. Händewaschen unterbricht diesen Übertragungsweg und ist damit eine einfache und wirksame Maßnahme, die vor der Ansteckung mit einer Erkältung, Grippe oder ansteckenden Magen-Darm-Infektion schützen kann.

Die Tenside der Seife dringen – im Wasser gelöst – in die fettigen Schmutzpartikel ein, sodass diese sich mit Wasser abspülen lassen. Die fettlösende Eigenschaft von Hautreinigungsprodukten greift aber auch die Lipidhülle von Corona- und anderen Viren an und macht sie so unschädlich. Antibakterielle Zusätze führten laut Studien dagegen nicht zu einer weiteren Verringerung der Infektionshäufigkeit. Keine Rolle spielt auch die Temperatur des Wassers, wobei sehr hohe Temperaturen die Haut

Ohne Wasser nutzbar: Auf der Toilette sitzt es sich einfach besonders gut. Eine verschließbare Tüte fängt alles auf.

stärker austrocknen. Bei erhöhtem Infektionsrisiko kann es jedoch sinnvoll sein, nach dem Händewaschen die Hände zu desinfizieren.

Auch wenn die Verwendung von Seife die Wirksamkeit des Händewaschens deutlich steigert, ließ sich in Untersuchungen bereits durch das Händewaschen mit sauberem Wasser die Häufigkeit von Durchfallerkrankungen senken. Haushalts- oder Einmalhandschuhe schützen im Vorfeld vor Verunreinigung.

WASCHEN FÜR DIE GESUNDHEIT UND DIE MORAL

Bei länger andauernden Katastrophenszenarien muss auch der Körper gereinigt werden. Das unterstützt auch das persönliche Wohlbefinden. Bewährt hat sich die Handtuchwäsche: Wasser wird hoch erhitzt oder gar abgekocht, dann lässt man es etwas abkühlen, befeuchtet das Handtuch komplett und wäscht sich gründlich in folgender Reihenfolge: Gesicht, Arme, Oberkörper

TIPP

Im Falle einer Katastrophe werden alle verfügbaren Gefäße – Waschbecken, Badewanne, Eimer, Töpfe, Tüten und Ziploc-Beutel, Wasserkanister und Wassertonnen – mit Trinkwasser gefüllt, so lange es noch geht. Wasser in Trinkwasserqualität bleibt auch offen in der Regel über mehrere Tage trinkbar. Mit Entkeimungs- und Konservierungsmitteln in Form von Chlor oder Silberionen lässt sich die Haltbarkeit deutlich verlängern. Wer auf Nummer sicher gehen will, kocht das Wasser ab oder filtert es mit geeigneten Geräten.

vorne und hinten, Beine, Achseln, Intimbereich. Handtücher und Kleidung kann man desinfizieren, indem man sie ein bis zwei Minuten in kochendes Wasser legt.

TOILETTE FÜR NOTZEITEN

Der Toilettengang wird bei nicht funktionierenden Spülungen schnell zum Problem. Wer über ausreichend Wasser verfügt, zum Beispiel wenn sich ein Gewässer in der Nähe befindet, kann die Hinterlassenschaften auch damit wegspülen. Einfach das Wasser mit einem 20-Liter-Eimer schwungvoll in die Toilette schütten – und ab geht's. Diese Methode darf jedoch nur angewendet werden, wenn die Abwasserleitungen im Haus noch in Ordnung sind.

Auch ohne externe Wasserzufuhr bleibt eine Toilette nutzbar – wo sonst sitzt man so bequem? Indem man eine stabile Tüte unter den Sitz spannt, fängt man seine Notdurft auf. Die Tüte wird benutzt, so lange es geht. Als Zwischenlagen kann man Reinigungsmittel, Sägespäne, gebrannten Kalk, Papierschnitzel oder Asche streuen. Ist die Tüte voll, wird sie gut verschlossen und an einem sicheren Ort aufbewahrt oder vergraben. Ähnlich gut nutzbar sind auch 20-Liter-Eimer (am besten mit dicht schließendem Deckel). Zur Erhöhung des Sitzkomforts kann man einen Balken darüber legen. Chemietoiletten aus dem Campingbereich eignen sich hervorragend, da die enthaltene Sanitärflüssigkeit Fäkalien und Toilettenpapier zersetzt. Alles, was bleibt, ist ein frischer Duft nach Klostein.

Toilettenpapier ist und bleibt das Mittel der Wahl, am besten in mehrlagiger Form, um eine Verunreinigung der Finger zu vermeiden. Das japanische Industrieministerium empfiehlt der Bevölkerung einen Vorrat, der für einen Monat reicht. Als Teil der Kampagne wurde eine spezielle Rolle angeboten, die 150 Meter lang und besonders straff gewickelt ist. Eine vierköpfige Familie kann mit sechs dieser Rollen einen Monat lang auskommen.

Es geht jedoch auch anders. Schließlich ist Toilettenpapier in unserer westlichen Welt erst seit Mitte des 19. Jahrhunderts verbreitet. In vielen Teilen der Welt nutzt man noch immer eine Hand und Wasser. Die anschließende Reinigung muss man entsprechend gründlich vornehmen. Poduschen sind geeignet, aber auch Zeitungspapier. In Japan behalf man sich lange Zeit mit Holzspachteln, im ländlichen Amerika mit getrockneten Maiskolben oder Moos.

LEBENSMITTELVORRAT

Auch wenn man unter Umständen drei Wochen ohne Nahrung auskommen kann, wäre ein Zwangsfasten in einer Notlage, die mit Sicherheit einen erhöhten Kalorienbedarf mit sich bringt, kontraproduktiv. Täglich 2.500 Kalorien für einen Mann und 2.000 Kalorien für eine Frau gelten als Maßstab unter normalen Bedingungen. Am besten beobachtet man seine Essgewohnheiten und ermittelt dann mit Hilfe von Kalorienrechnern den individuellen Bedarf. Anhand dieses Werts bestimmt man dann, welche Vorräte man in welcher Menge lagert. Eine 800-Gramm-Dose Ravioli enthält beinahe 900 Kalorien, 500 Gramm gekochte Eiernudeln haben etwa 700 Kalorien, die gleiche Menge gekochter Reis ist mit 500 Kalorien etwas weniger nahrhaft.

TIPPS FÜR DEN LEBENSMITTELVORRAT

- Die auf Vorrat gelagerten Lebensmittel sollten auch ohne Kühlung länger gelagert werden können.
- Eine dichte Verpackung in Form von Dosen oder geschlossenem Kunststoffbeutel verhindert ein Verschmutzen oder den Befall mit Schädlingen.
- Tiefgekühlte Lebensmittel zählen ebenfalls zum Notvorrat, sollten aber nach dem Auftauen nicht mehr eingefroren werden.
- Neu gekaufte Lebensmittel werden hinten eingeräumt. Die älteren verbraucht man nach und nach und füllt dann wieder auf. Verfallsdaten sollten stets sichtbar sein oder selbst angebracht werden.
- Besonders praktisch sind Lebensmittel, die ohne Erhitzen oder Hinzufügen von Wasser genießbar sind.
- Diabetiker, Allergiker oder Kleinkinder benötigen eventuell spezielles Essen.
- Bei der Auswahl der Lebensmittel gilt: Keine Experimente. Lagern Sie die Lebensmittel, die Ihnen und Ihrer Familie schmecken und sorgen Sie für Abwechslung. Auch Süßigkeiten sollte nicht fehlen, hilft sie doch, die Moral aufrecht zu erhalten.
- Wer Haustiere hat, braucht auch für diese ausreichend Futter und Wasser.
- In einem Notfall sollte man haushalten und nur so viel verzehren, wie man benötigt, um einsatzbereit zu bleiben. Manchmal dauern Notlagen länger als angenommen.
- Im Falle eines Stromausfalls sind Gaskocher, die es in allen möglichen Größen gibt, besonders hilfreich. Ein entsprechender Gasvorrat gehört dazu.

DAS ESSENZIELLE DRUMHERUM

Eine stromlose Wohnung ist eine dunkle Wohnung. Sie kann – je nach Jahreszeit – durch den Ausfall von Brennern, Pumpen und Ventilen auch ganz schnell zu einer kalten Wohnung werden. Dann sitzt man da: ohne Wasser, ohne Licht und ohne Wärme. Kochen kann man auch nicht auf herkömmliche Art und Weise, da weder der Herd, noch der Wasserkocher oder die Mikrowelle funktionieren.

Licht

Zur Beleuchtung von Räumen haben sich Campinglaternen bewährt. Beim Arbeiten und außer Haus sind LED-Stirnlampen oder -Handlampen von Vorteil. Auf exotische Akkuformate sollte man bei Notlampen zugunsten einer einfachen Nachversorgbarkeit mit Batterien verzichten. Eine lange nutzbare Lichtleistung ist wichtiger als extreme Helligkeit oder Reichweite.

Das Licht von Kerzen (zum Beispiel Dauerlichter) und petroleum- oder gasbetriebenen Campinglampen kann im Ernstfall dafür sorgen, dass man sich zu Hause auch nach Einbruch der Dunkelheit noch sicher orientieren kann. Achtung: Werden gasbetriebene Heiz- und Lichtquellen, Kerzen und ähnliches verwendet, besteht bei unsachgemäßem Umgang oder unbeaufsichtigtem Betrieb ein erhöhtes Brandrisiko.

Rauchmelder, die heutzutage in jedem Wohnraum installiert sein sollten, können Leben retten.

Bei der vorsorglichen Beschaffung von gasbetriebenen Heizquellen sollte man darauf achten, dass die Geräte Sicherheitsvorkehrungen wie eine Sauerstoffmangel- und Zündsicherung besitzen. Darüber hinaus muss bei der Verwendung von offenen Flammen in Innenräumen, wie zum Beispiel Kerzen und Gasflammen, für eine ausreichende Lüftung gesorgt werden.

Nach Eintritt eines Stromausfalls sollten alle elektrischen Wärmegeräte wie Herd, Ofen, Bügeleisen, Kaffeemaschine, Wasserkocher, Heizdecken und -lüfter etc. vorsorglich ausgeschalten werden. Nur so lässt sich der unkontrollierte Betrieb dieser Geräte beim Wiederkehren des Stroms verhindern. Für den Notfall gilt es, Löschmittel wie Feuerlöscher, Wasserschlauch und Löschdecke bereitzustellen.

Wärme & Kochen

Heizungen sind vielfach von der Stromversorgung abhängig – das betrifft auch die Ölheizung, denn der Transport des Öls vom Tank zum Brenner, seine Einspritzung und Zündung, funktionieren mittels Strom. Warme Kleidung, Decken, Schlafsäcke mitsamt Isomatten, die richtige Wahl des Aufenthaltsraums und eine Isolierung der Fenster, etwa mittels Rettungsdecken, können eine ausgefallene Heizung teilweise kompensieren.

Portable Gasöfen und Heizstrahler, die auch in geschlossenen Räumen betrieben werden können, sind eine gute Wahl – sofern sie über Sicherheitsmerkmale wie eine automatische Abschaltung bei Sauerstoffmangel verfügen. Intakte Gasflaschen sind über viele Jahre haltbar. Wenn es die räumliche Situation zulässt, sollte man über die Anschaffung eines Holzofens nachdenken. Mit ihm ist man absolut autark, und er

Bewährte Methode: Gas- oder Multifuelkocher lassen sich draußen zum (Ab-)Kochen nutzen.

kann im Notfall auch zum Kochen verwendet werden. Zu beachten sind in jedem Fall die mit dem Betrieb verbundenen Gefahren wie Brand oder der Anstieg giftiger Gase wie Kohlenmonoxid. Denn auf die übliche Rettungsinfrastruktur kann man bei einem Blackout nicht zählen.

Zum Kochen eignen sich für den Innenbetrieb geeignete Gaskocher. Diese gibt es in verschiedensten Ausführungen und teilweise mit mehreren Kochstellen. Einem Espresso aus der Bialetti oder einem Boeuf Stroganoff steht damit auch bei einem Stromausfall nichts mehr im Wege. Mit normalen Camping- und Notkochern (mit Spiritus oder Esbit-Betrieb) sollte man nur draußen kochen. Wer ein eigenes Grundstück besitzt, kann dort eine Kochstelle einrichten und mit geeigneten Pfannen aus Gusseisen oder Edelstahl kochen oder die Mahlzeiten auf einem Holzkohlegrill zubereiten. Für welche Alternative Sie sich auch entscheiden: Achten Sie auf einen ausreichenden Reservevorrat an Brennstoff.

Kommunikation

Zur Kommunikation mit Familienmitgliedern und Freunden können bei einem Blackout Funkgeräte mit PMR-, DMR446- oder CB-Technik eingesetzt werden, die mit Batterien laufen. Einen entsprechenden Vorrat an Batterien muss man also auch dafür lagernd haben. Elektrische Geräte mit USB-Anschluss lassen sich über Powerbanks, die man stets geladen auf Reserve bereit hält, oder alternative Stromerzeuger wie Solarzellen oder Generatoren laden.

Batteriebetriebene Radios mit UKW- und Mittelwellenempfang sind das einfachste Mittel, um auch bei Stromausfall auf dem Laufenden zu bleiben. Außerdem gibt es Radios, die manuell mit einem Dynamoantrieb und einer Handkurbel funktionieren. Mit Hilfe des Autoradios bleibt man – bei ausreichend Benzin im Tank – über Informationen des behördlichen Krisenstabs auf dem Laufenden.

Erste Hilfe & Medizin

Chronisch Kranke, die auf Medikamente angewiesen sind, sollten stets einen ausreichenden Medikamentenvorrat besitzen. Denn bei einem Blackout ist die medizinische Versorgung enorm eingeschränkt. Zur üblichen Hausapotheke mit Pflastern, Wundauflagen, Verbänden, fiebersenkenden Mitteln, Elektrolyten, Medikamenten gegen Durchfall und Übelkeit und – auch starken – Schmerzmitteln sollte man auch Breitband-Antibiotika vorrätig haben. Besonders wichtig ist jedoch Know-how, speziell die Kenntnis erster Hilfe-Maßnahmen zum Stoppen starker Blutungen oder zur richtigen Lagerung von Erkrankten und Verletzten.

Do it yourself

Zur Eigenverantwortung gehören auch die Mittel und die Fähigkeit, Arbeiten rund um den eigenen Lebensbereich selbst zu erledigen. Gebraucht werden dafür gängige Werkzeuge wie Hammer, Rohrzange, Schraubenschlüssel, Kombizangen, Bolzenschneider, Hebeleisen, Holz- und Metallsägen, Axt und Beil, Feilen, Bohrer (mit geladenen Akkus oder mechanisch), Nägel und Schrauben, Spaten, Draht, Kraftklebeband, Montagekleber, Kabelbinder, Nähzeug sowie Auto- und Fahrradwerkzeug. Damit kann man viele Reparaturen durchführen, Fenster und Türen sichern, Feuerholz schlagen, Paletten zerlegen, festsitzende Brunnenabdeckungen öffnen, Unrat vergraben und mobil bleiben.

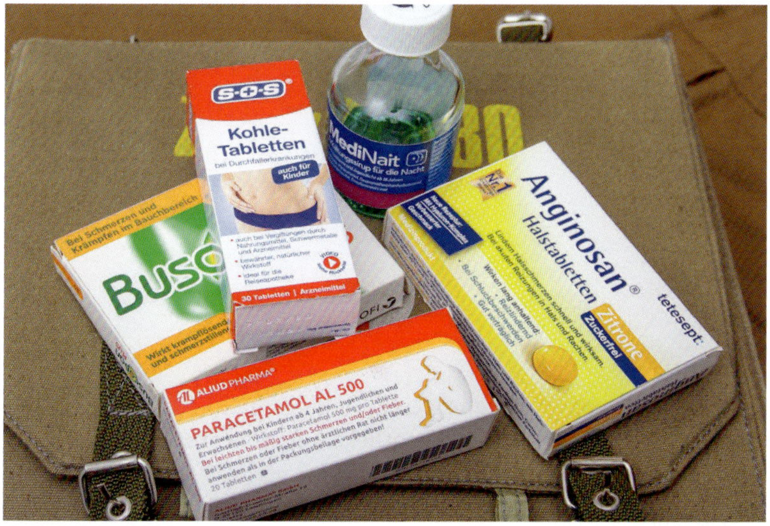

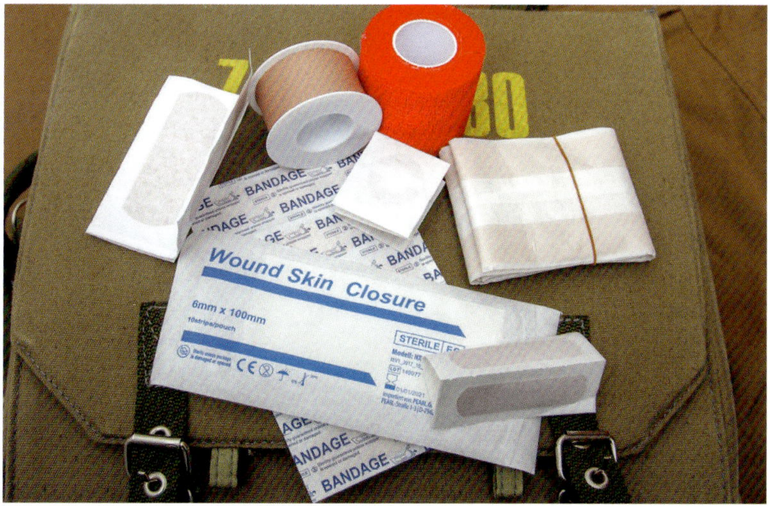

Auf sich allein gestellt: Auf die übliche Versorgung durch Ärzte und Rettungsdienste kann man nicht zählen. Die wichtigsten Medikamente und medizinischen Versorgungsmitteln sollte man in der Hausapotheke haben.

INFO

Strom selbst erzeugen: Mit Stromerzeugern, Photovoltaikanlagen und starken Powerbanks, Brennstoffzellen oder Dieselgeneratoren kann beim Ausfall der öffentlichen Stromversorgung der eigene Haushalt mit Strom versorgt werden. Im Fachhandel werden zahlreiche Lösungen angeboten, die das Laden des Mobiltelefons, den Betrieb von Kabellampen und Wasserkochern bis hin zur Versorgung Ihrer gesamten Hausinstallation erlauben.

CHECKLISTE NOTVORRAT

(Pro Person für zwei Wochen)

Was?	Wie lange haltbar?	Wie viel?
☐ Wasser	24 Monate	28 l
☐ Mehl	5 Monate	1 kg
☐ Reis	24 Monate	1 kg
☐ Zucker*	72 Monate	1 kg
☐ Teigwaren	24 Monate	500 g
☐ Brot (vakuumverp.)	4 Wochen	1 kg
☐ Knäckebrot	6 Monate	500 g
☐ Kartoffelpüree	12 Monate	1 Packung
☐ Tüten-Suppe	12 Monate	2 Packungen
☐ Dosensuppe	mehrere Jahre	2 Dosen (á 800 g)
☐ Gemüsekonserven	mehrere Jahre	5 Dosen (á 800 g)
☐ Fleischkonserven	mehrere Jahre	10 Dosen (á 500 g)
☐ Dosenaufstrich	mehrere Jahre	2 Dosen
☐ Fischkonserven	mehrere Jahre	2 Dosen
☐ Kartoffeln	2-8 Monate	2 kg
☐ Salate	12 Monate	2 Gläser
☐ Kondensmilch	12 Monate	1 Dose
☐ H-Milch	12 Monate	2x 0,5 l
☐ Streichfett	3 Monate	250 g
☐ Speiseöl	9 Monate	0,5 l
☐ Schmelzkäse	6 Monate	1 Packung
☐ Eier	2-4 Wochen	10 Stück
☐ Marmelade (Honig)	24 Monate	1 Glas
☐ Fruchtsaftkonzentrat	24 Monate	0,5 l
☐ Orangensaft* (Tetrapak)	8 Monate	3 l
☐ Salz*	72 Monate	500 g
☐ Kaffee, Kakao	12 Monate	nach Bedarf
☐ Tee	unbegrenzt	nach Bedarf
☐ Gewürze	unbegrenzt	nach Bedarf

Außerdem: Fruchtsäfte oder Tafelwasser sowie nach persönlichem Bedarf Diät- oder Vollkornprodukte, Süßwaren, Babynahrung, Tiernahrung, Tabletten zur Entkeimung von klarem Wasser.

Quelle: NÖSZV

Hier kann man online den Bedarf für seine Familie berechnen:
www.ernaehrungsvorsorge.de/private-vorsorge/notvorrat/vorratskalkulator/

* = zur Herstellung einer Elektrolyt-Lösung bei Durchfall

VORRAT HYGIENE & ERSTE HILFE

- [ ] Seife
- [ ] Waschmittel, evtl. Handwaschmittel
- [ ] Zahnbürste, Zahnpasta (für alle Familienmitglieder)
- [ ] mehrere Sets Einweggeschirr & Besteck
- [ ] Haushaltspapier
- [ ] Toilettenpapier (für einen Monat)
- [ ] Stabile und verschließbare Müllbeutel in verschiedenen Größen
- [ ] Campingtoilette mit ausreichend Sanitärflüssigkeit
- [ ] mehrere 20-Liter-Eimer, verschließbar
- [ ] größere Behälter zur Aufbewahrung von Wasser oder Müll, verschließbar
- [ ] Haushalts- und Einweghandschuhe
- [ ] Desinfektionsmittel
- [ ] Reinigungsmittel
- [ ] Erste Hilfe, regelmäßige Medikation

CHECKLISTE STROMAUSFALL

WÄRME

- [ ] Warme Kleidung
- [ ] Decken
- [ ] Schlafsäcke
- [ ] Isomatte
- [ ] Rettungsdecken
- [ ] evtl. gasbetriebener Ofen o. Heizstrahler
- [ ] entsprechender Gasvorrat
- [ ] Holzvorrat für Schweden- o. Kachelofen
- [ ] Streichhölzer, Feuerzeuge, Ofen-Anzünder

BELEUCHTUNG

- [ ] Kerzen und Teelichter mit langer Brenndauer
- [ ] Reservebatterien in ausreichender Menge
- [ ] evtl. Lampen mit Dynamobetrieb
- [ ] Streichhölzer und Feuerzeuge
- [ ] batteriebetriebene Campinglaternen
- [ ] batteriebetriebene* Stirnlampe
- [ ] batteriebetriebene* Taschenlampe

KOCHEN

- [ ] Camping-Kocher (Gas, Spiritus)
- [ ] Brennstoffvorräte

BRANDSCHUTZ

- [ ] Rauchmelder
- [ ] Gaswarner
- [ ] Feuerlöscher
- [ ] Löschdecke
- [ ] Wasserschlauch
- [ ] Behälter für Löschwasser

KOMMUNIKATION UND INFORMATION

- [ ] Batteriebetriebenes* Radio (mit UKW und MW), Kurbelradio
- [ ] Powerbanks (geladen)
- [ ] Solarzellen zum Laden via USB-Anschl.
- [ ] batteriebetriebene* PMR-, DMR446 oder CB-Funkgeräte in ausreichender Menge
- [ ] Ersatzkanister mit Treibstoff zum Betrieb des Autoradios

(* auf normale Batterieformate – handelsübliche, leicht beschaffbare Batterietypen – achten)

LICHT UND WÄRME KOMPAKT

Teelichter sind alltägliche Verbrauchsartikel, denen kaum jemand Beachtung schenkt. Doch in einer Blackout-Situation können sie das Leben in vieler Hinsicht leichter machen. Wir zeigen Tipps und Tricks.

Ein 50er-Paket Teelichter ist mit ein bisschen Glück für weniger als zwei Euro erhältlich. Das bedeutet 15 bis 200 Stunden funzeliges, aber immerhin tropffreies Licht. Oder es lassen sich mehrere Dutzend Dosen Fertigsuppe damit aufwärmen. Teelichter lassen sich in Krisensituationen für viele Aufgaben einsetzen, darüber hinaus sind sie preiswert, leicht verfügbar und nahezu unbegrenzt lagerfähig – daher spricht vieles dafür, einige hundert Stück davon einzulagern.

Normale Kerzen brennen zum Teil mit hellerer und größerer Flamme als Teelichter. Einige weisen auch eine längere Brenndauer auf. Doch normale Kerzen sind auf den Kilopreis Wachs gerechnet meist teurer als Teelichter. Generell ist zu ihrer Verwendung ein Kerzenständer erforderlich. Als Wärmequelle zum Kochen oder Backen lassen sie sich nur schlecht einsetzen, nicht nur wegen ihrer Länge, die ein recht hohes Gestell als Topfhalter voraussetzen würde. Zudem nimmt ihre Länge ja bei längerer Brenndauer immer weiter ab, so dass das Gestell permanent nachjustiert werden müsste.

Teelichter verändern sich dagegen den gesamten Brennvorgang nicht und bleiben als kompakte Einheit bestehen. Sie sind als solche ohne Hilfsmittel wie Kerzenhalter verwendbar. Im Folgenden zeigen wir dennoch einige Improvisationen, mit denen sich der Gebrauchswert der kleinen Licht- und Wärmequellen verbessern lässt.

Brandgefahr: Ganz grundsätzlich, aber auch beim Blackout muss man mit offenem Feuer sehr vorsichtig sein.

TRICK 1 : BLENDLATERNE

Bei manchen Anwendungen kann es hilfreich sein, wenn sich das Licht der Kerzenflamme in eine Richtung bündeln lässt. Denn eine Lichtquelle, die in alle Richtungen gleich stark leuchtet, kann den Anwender mitunter blenden. Dafür lässt sich aus einer leeren Getränkedose eine Blendlaterne improvisieren, mit der sich der Lichtstrahl in eine Richtung lenken lässt. Außerdem wirkt die polierte Innenfläche der Dose wie ein Reflektor, der das Licht noch verstärkt.

1 Aus jeder Art von Getränkedose lässt sich eine Blendlaterne für Teelichter improvisieren.

2 Das dünne Blech der Dose kann man mit dem Taschenmesser schneiden, ohne dass die Klinge wesentlich abstumpft.

3 Wer nur wenig Licht benötigt, kann die Klappen schließen und die Laterne dadurch „abblenden“ – daher der Name.

TRICK 2: IM BUG-OUT-BAG

Wer zu Sicherheit immer einige Teelichter mitführen will, kann das sehr gut in Blechdosen tun. Hervorragend geeignet sind die runden Dosen der „Scho-Ka-Kola"-Schokoladenecken, die der Volksmund auch gern „Fliegerschokolade" nennt. Diese Dosen sind sehr stabil, es passen drei Teelichter hinein. In den Deckel lassen sich, in kleine Zip-Loc-Tütchen verpackt, Streichhölzer und Reibflächen einkleben, sodass eine in sich funktionsfähige Einheit entsteht.

Um das ganze noch kompakter und leistungsfähiger zu gestalten, können die Teelichter auch in die Dose eingegossen werden. Dazu werden die kleinen Blechdosen der Lichter entfernt und einige weitere Lichter im Wasserbad vorsichtig eingeschmolzen. Das flüssige Wachs wird dann zwischen die in der Dose positionierten Lichter gegossen. Danach klappert garantiert nichts mehr, und die Brenndauer der Teelicht-Box hat sich noch einmal um mehrere Stunden verlängert.

In kleinen Blechdosen lassen sich Teelichter überall mit hin nehmen. Werden in den Dosendeckel einige Streichhölzer und Reibeflächen eingeklebt, ist alles dabei, um Licht und Wärme zu erzeugen.

Teelichter lassen sich auch in die Dose eingießen: Dazu entfernt man die Blechhüllen und schmilzt vier bis fünf weitere Teelichter im Wasserbad ein.

Mit dem flüssigen Wachs werden die Zwischenräume ausgegossen und damit eine kompakte Einheit gebildet. Dieses Set kann komplett unter Wasser geraten und wäre immer noch einsatzbereit.

TRICK 3: KOCHEN

Teelichter eignen sich nicht nur als Licht-, sondern auch als Wärmequelle – das weiß jeder, der seine Teekanne schon einmal auf einem Stövchen warm gehalten hat. Nach dem Prinzip „Teelicht unter dem Topfboden" lassen sich auch andere Getränke oder Speisen erwärmen. Wer Nudeln oder Kartoffeln kochen will, sollten seine Teelichter ein wenig „aufmotzen" oder auf eine andere Wärmequelle ausweichen, denn Teelichter sind in ihrer Heizleistung begrenzt (siehe Trick 5). Wer nur eine Dose Eintopf in einem dünnwandigen Topf erhitzen will, stellt einfach ein paar Teelichter darunter und kann zehn Minuten später eine warme Suppe essen.

Wer auf Teelichtern Speisen erwärmen will, braucht einen Topfhalter, der den Topfboden ganz knapp über den Flammen platziert. Auf diese Weise lässt sich die beste Heizwirkung erzielen.

Mit fünf Teelichtern lässt sich in einem dünnwandigen Topf der Inhalt einer Dose Fertigsuppe in etwa zehn Minuten auf Esstemperatur bringen. Voraussetzung dafür ist ein windgeschützter Ort.

TRICK 4: BACKEN

Im Gegensatz zum Kochen erfordert Backen vergleichsweise moderate Temperaturen, diese jedoch über einen längeren Zeitraum. Solche Temperaturen lassen sich mit Teelichtern sehr gut erreichen. Da die meisten Fabrikate eine Brenndauer von drei bis vier Stunden aufweisen, kann man damit beispielsweise sehr gut Brot backen.

Um die punktuell wirkende Hitze der Teelichter möglichst gleichmäßig im „Backofen" zu verteilen, sollte mit einem Zweikammersystem gearbeitet werden. Dazu kann beispielsweise ein kleiner Topf, der dann als Backform dient, in einen größeren Topf gestellt werden, der dann die „Backröhre" darstellt. Unter diesem werden möglichst viele Kerzen platziert – das geht mithilfe des gezeigten Aufbaus am besten. Er besteht nur aus dem Backblech und -rost aus einem handelsüblichen Backofen.

Mit diesem Teelicht-Backofen lassen sich Backtemperaturen von 120 bis 130 Grad erzeugen. Das klingt zunächst nach recht wenig, doch wer sein Brot laut Rezept bei 180 bis 200 Grad backen müsste, verdoppelt einfach die Backzeit und wird damit auch ans Ziel kommen. Allerdings lässt sich bei diesen Temperaturen keine knusprige Kruste erzielen. Dieses kleine Manko sollte sich in einer echten Notsituation aber verschmerzen lassen.

Als Unterbau dient eine feuerfeste Unterlage, auf der ein Backblech platziert wird. Darauf werden brennende Teelichter entsprechend der Bodenfläche des größeren Topfes (der „Backröhre“) platziert und der Rost aus einem Backofen darüber platziert.

Wird nun der große Topf über die Kerzenflammen gesetzt, sind diese normalerweise genau in der richtigen Höhe darunter platziert. Auf den Boden des Topfs legen wir drei große Schraubenmuttern, damit die Luft unter dem kleinen Topf zirkulieren kann.

An dem kleinen Topf (der „Backform“) werden, falls möglich, die Griffe abmontiert, damit sich dieser ganz in den großen Topf einsetzen lässt.

Wird der kleine Topf in den großen eingesetzt, sollte er innen ein wenig eingefettet und mit dem zu backenden Teig gefüllt werden. Dann wird der Deckel des großen Topfs aufgesetzt und damit die „Ofentür“ geschlossen.

TRICK 5: MOBILER KOCHER

Die kleinen Flämmchen der Teelichter liefern erstaunlich viel Hitze, jedoch ist ihre Wirkung natürlich begrenzt. Die Leistung lässt sich jedoch erhöhen, wenn zusätzliche „Dochte", also beispielsweise Streichhölzer oder kleine Zweige, mit in das flüssige Wachs gesteckt werden. Die Steigerung davon ist eine Dose, in die spiralförmig Pappstreifen eingelegt werden und die dann bis zum Rand mit Wachs aus etwa neun eingeschmolzenen Teelichtern aufgefüllt wird. Die Pappe saugt das Wachs auf wie ein Schwamm, und auch die Zwischenräume füllen sich damit. Wenn die Füllung der Dose erkaltet ist, lässt sie sich ganz einfach anzünden und brennt dann mit einer großen, stetigen Flamme etwa eine Dreiviertelstunde lang. Da sich ziemlich viel Ruß bildet, sollte eine solche Dose nur im Freien abgebrannt werden. Eine feuerfeste Unterlage versteht sich von selbst.

1

Auf ähnliche Weise wie die Kerzenbox lässt sich ein regelrechter Taschenofen bauen, der komplett feuchtigkeitsunempfindlich ist und sich überallhin mitnehmen lässt. Dazu wird die Blechdose spiralförmig mit Pappstreifen gefüllt.

2

Die Dose wird bis zum Rand mit flüssigem Wachs gefüllt und Streichhölzer und Reibeflächen wasserdicht verpackt in den Deckel eingeklebt.

3

Nach kurzer Brenndauer ist das gesamte Wachs geschmolzen, und der Ofen brennt mit großer Flamme.

Die Anwendung des Ofens: Im Freien wird auf feuerfester Unterlage eine Stellfläche für den Topf platziert. Dann wird der Ofen angezündet.

Ein Liter Wasser lässt sich damit in etwa zehn Minuten zum Kochen bringen.

TRICK 6: WINDLICHT

Spätestens beim ersten Schritt vor die Tür wird der Verwender einer Kerze feststellen, dass schon der leichteste Windhauch genügt, um das kleine Flämmchen auszupusten. Da ist ein Windlicht ein großer Vorteil. Man kann es zum Beispiel sehr einfach aus einem Marmeladenglas oder ähnlichem improvisieren. Dazu muss das Glas nur ausgespült und getrocknet werden. Das Teelicht wird angezündet, vorsichtig ins Glas gestellt, und fertig ist das Windlicht.

Wer dessen Handhabung noch ein wenig vereinfachen will, wickelt einen Draht um das Teelicht und rödelt ihn fest. Damit lässt sich das brennende Teelicht viel einfacher in das Glas absenken. Am anderen Ende des Drahts kann ein Feuerzeug befestigt werden, mit dem das Licht problemlos jederzeit wieder „eingeschaltet" werden kann, falls es ausgehen sollte.

Ein brennendes Teelicht lässt sich am einfachsten in einem Marmeladenglas platzieren, wenn ein Stück Draht daran befestigt ist. Dazu eignet sich einfacher Bindedraht.

Damit entsteht wieder ein „Set", mit dem der Verwender das Licht zwischendurch auch löschen und immer wieder anzünden kann.

Am anderen Ende des Drahts lässt sich eine Öse formen, in die ein Feuerzeug eingeschoben werden kann.

TRICK 7: MOBILER TEELICHT-HALTER

In einem über Wochen andauernden Blackout-Szenario, wenn auch Taschenlampen langsam der Saft ausgeht, wird es ab irgendeinem Zeitpunkt erforderlich, abends und nachts Kerzen als einzige Lichtquelle zu verwenden. Wer sich einmal zur Probe ein Teelicht auf den Nachttisch stellt und versucht, damit mitten in der Nacht auf die Toilette zu gehen, wird feststellen, dass die Handhabung dieser altertümlichen Lichtquelle im Halbschlaf gar nicht so einfach ist. Das kann ein ganz einfacher, improvisierter Kerzenhalter mit angestecktem Feuerzeug, das dadurch in jeder Lebenslage griffbereit ist, erheblich erleichtern.
Ein Stück Dachlatte mit einem Loch im Durchmesser eines Teelichts zu versehen, dauert nur wenige Minuten. Es ist sinnvoll, schon vor Eintreten der Katastrophe je einen solchen Halter für jedes Familienmitglied vorzubereiten und mit den Teelichtern einzulagern – so lange noch Strom da ist.

Aus einem kurzen Abschnitt einer Dachlatte lässt sich gut ein Halter für Teelichter improvisieren. Dazu muss einfach eine 35-mm-Bohrung (Bohrer für Topfbänder) angebracht werden.

Da die meisten Teelichter 37 bis 39 mm Durchmesser aufweisen, muss die Bohrung noch ein bisschen größer geschnitzt werden.

Der Halter kann auf die gewünschte Länge zurechtgeschnitten werden. So weit wie möglich von der Flamme entfernt wird per Gummi ein Feuerzeug angebracht.

Foto: nito – stock.adobe.com

VIREN-SCHUTZ

Zu Beginn der Corona-Pandemie gab es durch die enorme Bedarfs-Steigerung mehrere Monate lang deutliche Lieferprobleme beim Desinfektionsmittel. Man kann es aber recht einfach selber machen.

Desinfektionsmittel ausverkauft! 2020 hat man solche Schilder neben in den Supermärkten sehr häufig gesehen. Auch wenn inzwischen die Produktionskapazitäten hochgefahren wurden, sind in Krisenfällen nochmalige Verknappungen nicht ausgeschlossen. Mit einigen Hausmitteln kann man sich aber sehr gut selber helfen.

Essig und Essig-Essenz: Wegen des hohen Säuregehalts wirken auch Essig und Essig-Essenz desinfizierend. Essig war im vorindustriellen Zeitalter eines der am meisten gebräuchlichen Desinfektionsmittel. Für eine ordentliche Oberflächen-Desinfektion mischt man einen Teil 25-prozentige Essig-Essenz mit drei Teilen Wasser.

Sorgfältiges Händewaschen reicht meist aus: Kernseife lässt sich sehr gut bevorraten.

Alkohol: Man kennt aus unzähligen Western, dass Whisky in die Wunde des Helden gegossen wird – was dieser entweder mit zusammengebissenen Zähnen oder wild fluchend quittiert. In der Tat wird hochprozentiger Alkohol schon seit jeher zur Desinfektion benutzt. Eine hautverträglichere Variante als Spiritus & Co. ist der altbewährte Melissengeist.

Kernseife: In den meisten Fällen ist eine richtige Desinfektion nicht nötig – langes, ausgiebiges Händewaschen (auch zwischen den Fingern!) unter fließendem Wasser reicht zur hygienischen Handreinigung völlig aus. Hier gilt: Abgesehen von medizinischer Spezialseife ist Seife am Stück viel besser als Flüssigseife, denn diese hat einen anderen pH-Wert. Einfache Kernseife ist durch ihre konzentrierte Zusammensetzung am besten: Handelsübliche „Feinseifen", die noch jede Menge Parfüm, Farbstoffe und so weiter enthalten, sind nicht so wirksam.

Unterwegs kann man sich nicht immer die Hände waschen, und manchmal möchte man auch etwas wirksameres als „nur" Seife. Man kann Hand-Desinfektionsmittel recht einfach selbst herstellen, und zur Hygiene im Haushalt gibt es auch Alternativen (Rezepte nächste Seite).

ACHTUNG

Häufiges Händewaschen oder Desinfizieren trocknet die Haut sehr stark aus und kann teilweise auch Hautreizungen verursachen. Deswegen sollte man die Hände zum Ausgleich auch regelmäßig und sorgfältig mit Handcreme pflegen. Die Haut kann sich besonders gut über Nacht regenerieren, wenn man die Hände vor dem Schlafengehen ordentlich eincremt.

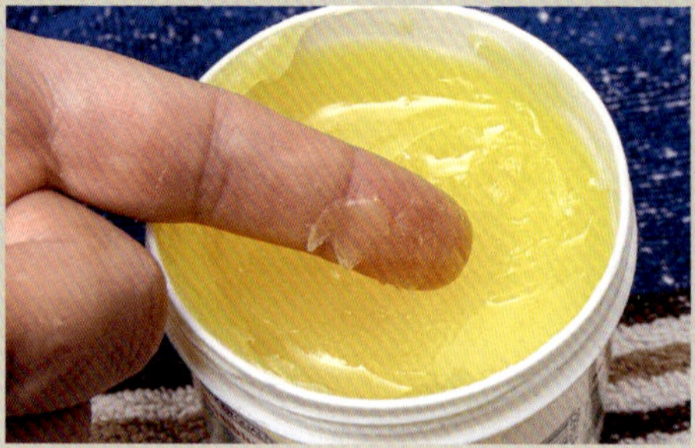

Aus dem Drogeriemarkt: Desinfektionsmittel lässt sich einfach selber mixen.

DREI REZEPTE FÜR HAND-DESINFEKTIONSMITTEL

1 Dieses Rezept für Desinfektionsmittel stammt von der Weltgesundheitsproganisation WHO:

- 830 ml Bio-Ethanol (Baumarkt)
- 45 ml Wasserstoffperoxid (Apotheke)
- 15 ml Glycerin (Apotheke)
- 110 ml abgekochtes Wasser

Die Zutaten in einem verschließbaren Behälter mischen und gut schütteln. Wasserstoffperoxid ist nicht zwingend nötig. Es dient laut WHO lediglich dazu, Sporen in den verwendeten Behältnissen abzutöten. Dazu muss die Lösung aber 72 Stunden stehenbleiben, bevor man sie verwendet.

---

2 Dieses Rezept für ein improvisiertes Hand-Desinfektionsmittel stammt vom TV-bekannten Kriminal-Biologen Dr. Mark Benecke:

- 200 ml Isopropyl- oder Bio-Ethanol-Alkohol (Baumarkt)
- 1 Teelöffel Zitronensäure (Drogeriemarkt)
- 50 ml abgekochtes Wasser

Die Zitronensäure wird im Alkohol aufgelöst, mit dem Wasser in einen Behälter gefüllt – zum Beispiel eine ausgediente Sprühflasche – und kräftig durchgeschüttelt.

---

3 Da in einer Krisensituation oder Pandemie auch Ispropyl-Alkohol und Bio-Ethanol vergriffen sein können, hier noch ein Not-Rezept mit einfachen Haushaltsmitteln aus der Drogerie:

- 100 ml Essig
- 100 ml abgekochtes Wasser
- 20 Tropfen Teebaumöl (wirkt antiseptisch, Drogeriemarkt)
- optional ein paar Tropfen ätherisches Minz-Öl (gegen den Essig-Geruch)

LUFTSCHUTZ

Wenn sich ansteckende Krankheiten verbreiten, können Atemmasken und andere Schutzartikel knapp werden. Wir zeigen, wie man improvisierte Schutzmasken ohne Werkstatt selbst bauen kann.

Spätestens seit das Corona-Virus die ganze Welt nachhaltig erschüttert hat, sind Atemschutzmasken zu einem sehr begehrten Artikel geworden. Was, wenn fertige Atemschutzmasken kaum noch – oder für Normalbürger sogar gar nicht mehr – erhältlich sind? Dann muss man improvisieren.

Beim Corona-Virus sind sich die Epidemiologen einig, dass es per Tröpfcheninfektion in erster Linie über Schleimhäute aufgenommen wird. Das gilt genauso für eine Vielzahl von anderen Viren und Bakterien. Daher gilt es besonders, das Gesicht zu schützen, also Mund, Nase und Augen. Ein improvisierter Schutz ist kein Hexenwerk: Wir zeigen, wie man eine einfache und eine aufwändigere Filter-Schutzmaske mit ganz einfachen Mitteln selbst machen kann.

PROJEKT 1: EINFACHE MASKE MIT AUGENSCHUTZ

Dieses Modell ist sehr schnell und ohne besonderes Werkzeug ganz einfach gebastelt. Als Grundmaterial wird nicht viel mehr als eine Papierserviette und eine Damenbinde gebraucht. Papierservietten sind gegenüber Küchentuch, Klopapier, Papiertaschentüchern, Mullbinden oder einfachem Baumwollstoff eindeutig vorzuziehen, da sie aus weitaus dichterem Material bestehen. Die Damenbinde dient an der Innenseite der Maske zur Aufnahme der Atemfeuchtigkeit, da diese die Filterwirkung der Servietten stark herabsetzen würde.
Um die Augen behelfsmäßig zu schützen, ist es möglich, eine Brille mit einer „Schürze" aus Plastikfolie zu versehen. Die Schürze sollte wie ein Schleier bis runter zum Kinn reichen, um auch die „Beregnung" der Maske mit schädlichem Aerosol zu verringern. Wer nicht ohnehin Brillenträger ist, kann sich eine billige Sonnenbrille kaufen und die Gläser herausdrücken.

MATERIAL

- **1 x Papierserviette**
- **1 x Damenbinde** (am besten ultradünn, extra lang mit Flügeln)
- **90 cm Duct-Tape**
- **10 cm Draht** (oder schmaler Blechstreifen, Brottütenverschluss)
- **60 cm Hosengummi oder Schnur**
- **1 x alte Sonnenbrille**
- **Klarsichtfolie** (alte Prospekthülle oder etwas ähnliches)

Eine handelsübliche Papierserviette wird einmal aufgeklappt, so dass zwei Schichten Papier übereinanderliegen.

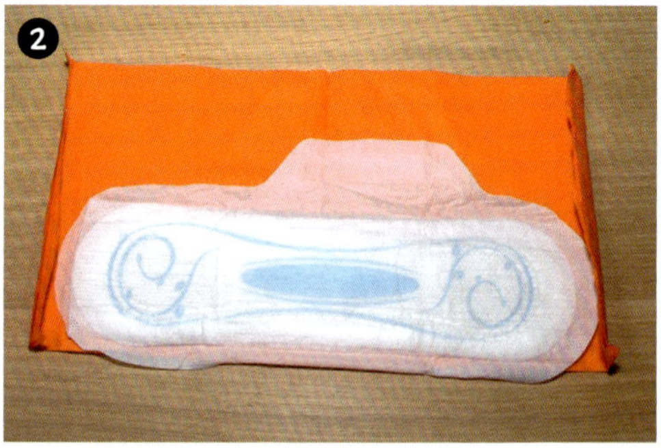

Die Binde wird bündig an die Unterkante gelegt, den unteren Flügel um die Unterkante herumklappen und festkleben.

Der obere Flügel der Binde wird flach aufgeklebt. Die Unter- und Seitenkanten werden in Duct-Tape eingefasst.

Als Nasenbügel dient der Verschluss einer Brottüte. Er wird etwa 15 Millimeter von der Oberkante aufgelegt.

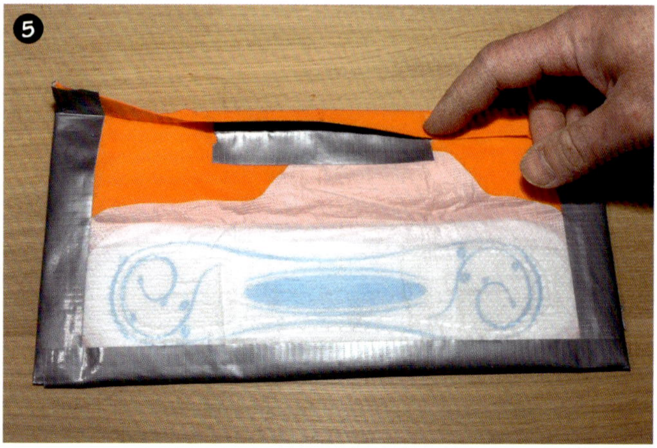

Ein Streifen Duct-Tape sichert den Bügel gegen Verrutschen, die Oberkante der Servietten wird darüber gefaltet.

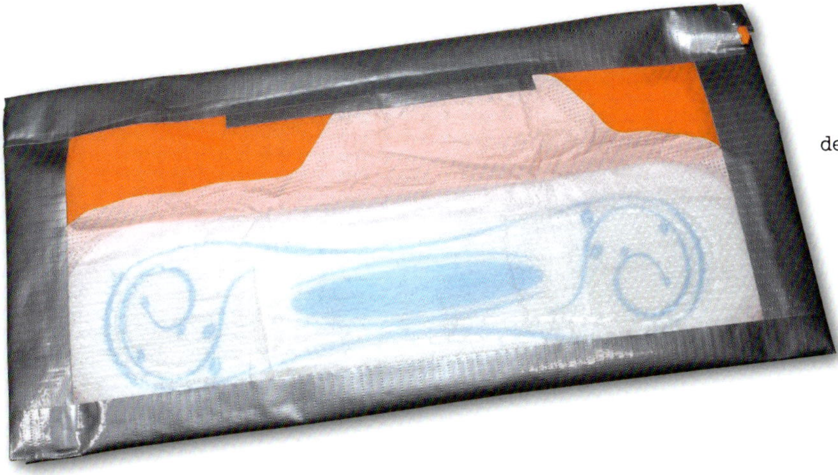

6 Die neu geschaffene Oberkante der Konstruktion wird wieder in Duct-Tape gefasst.

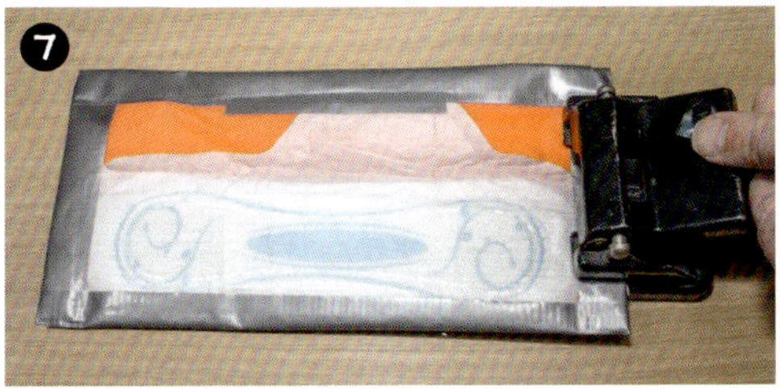

7 Die Löcher für die Halteriemen werden am einfachsten mit einem Bürolocher gestanzt – man kann sie auch mit der Ahle eines Taschenmessers stechen.

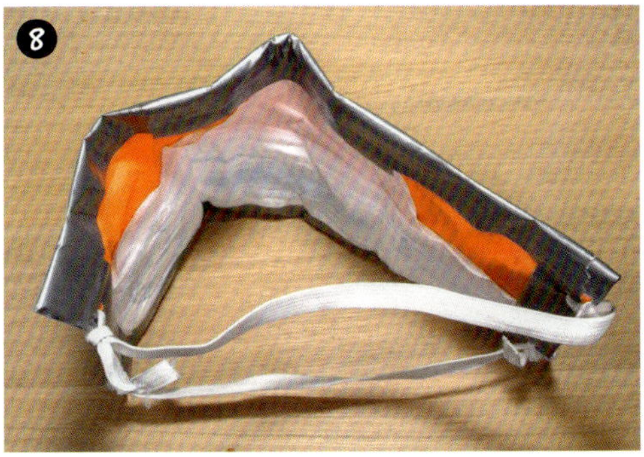

8 Als Halteriemen dient Hosengummi – oder auch einfache Schnüre, die man im Nacken verknotet.

9 Die fertige Maske sollte rund um Mund und Nase dicht anliegen, so dass beim Atmen die Luft nur durch die Filterlage dringt und nicht durch seitliche Schlitze entweicht oder eindringt.

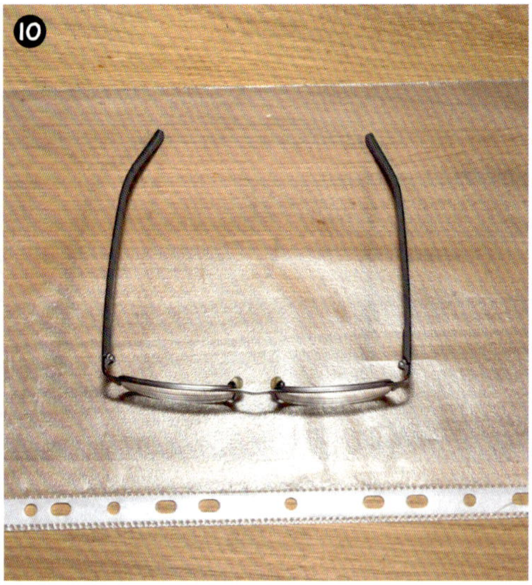

Der Lochstreifen und die Randschweißungen der Prospekthülle werden abgeschnitten und das Material nur einlagig verwendet.

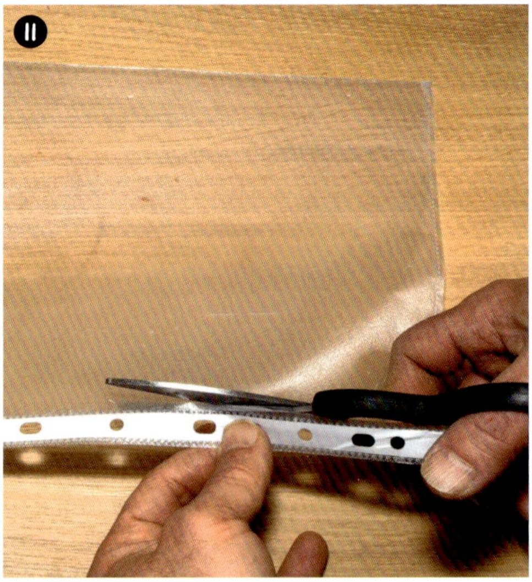

Der Augenschutz wird aus einer alten Sonnenbrille und einer möglichst durchsichtigen Prospekthülle gebaut (für eindeutige Fotos haben wir hier eine matte Hülle verwendet).

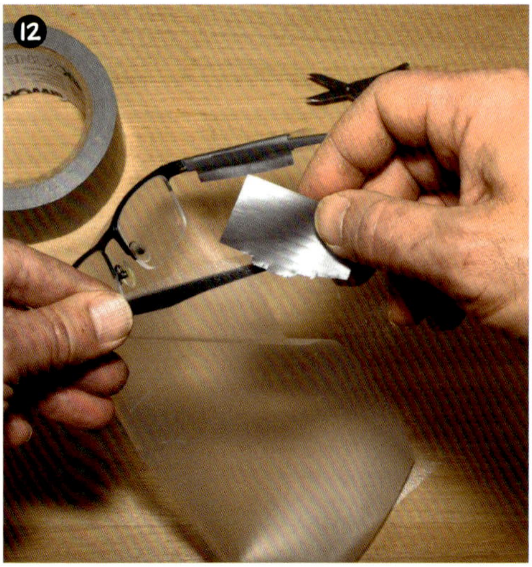

Die Folie wird mit der Mitte der Längskante an den Nasensteg der Brille angelegt und straff an beiden Bügeln mit Duct-Tape befestigt.

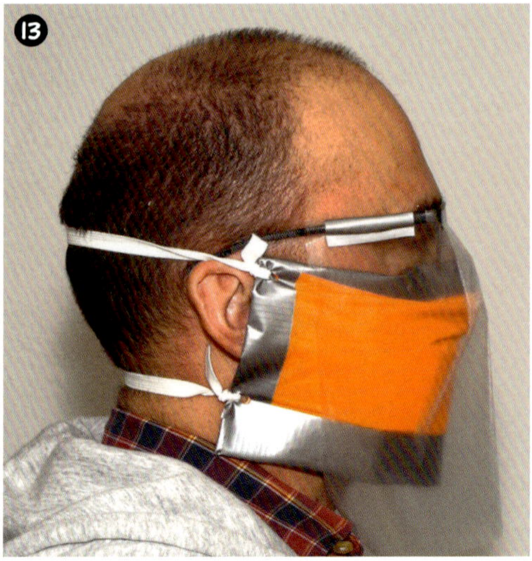

Mit Mund- und Augenschutz sind alle Schleimhäute im Gesicht vor direktem Kontakt mit Viren geschützt.

PROJEKT 2: MASKE MIT AKTIVKOHLE-FILTER

Diese Maske schützt ihren Träger weitaus besser als das zuvor gezeigte Modell und ist gut geeignet für Personen, die vielleicht einen kranken Angehörigen pflegen oder aus anderen Gründen einer größeren Ansteckungsgefahr ausgesetzt sind. Diese Maske soll umherfliegende Krankheitserreger nicht nur herausfiltern, sondern zugleich durch ihren Aktivkohle-Filter absorbieren. Die Maske besteht im Wesentlichen aus fünf PET-Getränkeflaschen verschiedener Größen sowie einigen Metern Duct-Tape und Stücken eines Fahrradschlauchs – in den meisten Teilen der Welt leicht verfügbare Materialien.

Aktivkohle wird für Aquarienfilter eingesetzt und ist im Handel für Tierbedarf oder per Versand erhältlich. Bislang war das auch während der Corona-Krise kein Problem – weil wohl die wenigsten Bastler darauf gekommen sind, einen Aktivkohlefilter selber bauen zu wollen. Für den Fall der Fälle zeigen wir aber auch, wie man sie notfalls selbst machen kann.

MATERIAL

- **1 PET-Getränkeflasche 1,5 l**
- **5 PET-Getränkeflaschen á 0,5 l**
- **2 m Duct-Tape**
- **30 cm kräftiger Draht** (z.B. Griff eines Farbeimers)
- **etwa 60 cm Fahrradschlauch**
- **200 g Aktivkohle** (Tierbedarf)
- **2 Damenbinden** (oder alternativ 4 Abschminkpads)
- **einige Blätter Toilettenpapier** (oder alternativ Küchentuch)
- **Sanitärsilikon**

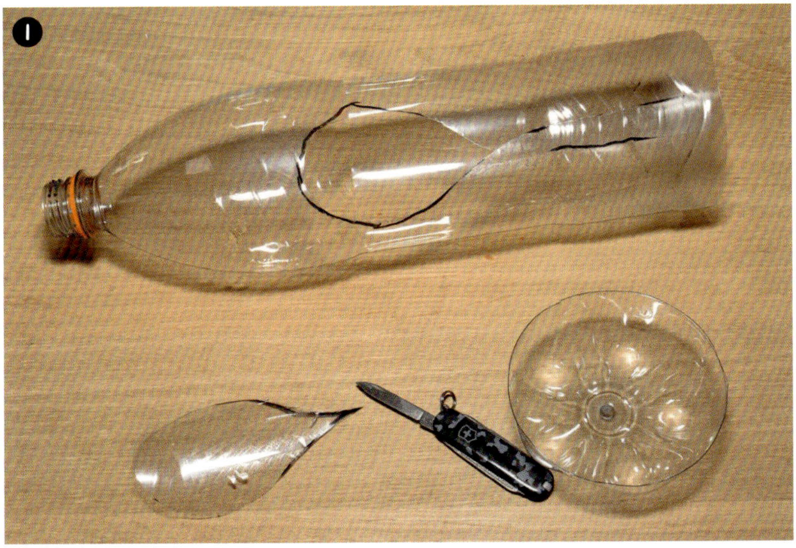

Der Boden einer 1,5-Liter-PET-Flasche wird großzügig entfernt. Für das Kinn wird die Flasche im oberen Drittel kreisförmig mit einem scharfen Messer eingeschnitten. Von dort wird sie bis zum unteren Rand geschlitzt.

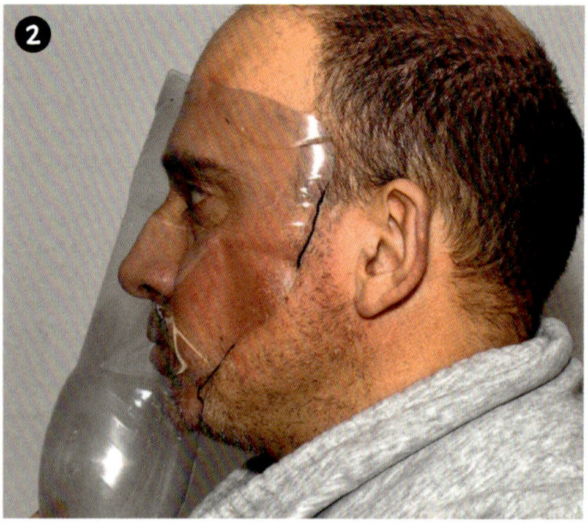

Die Schnittkante sollte am Kinn eng anliegen – meist muss mehrfach anprobiert und nachgeschnitten werden.

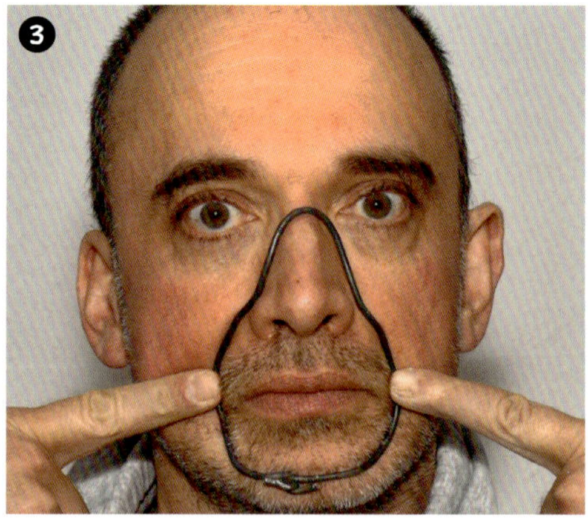

Aus Draht wird ein Innenrahmen gebogen, die Enden ineinander gehakt. Zurechtbiegen, bis er um Mund und Nase dicht abschließt.

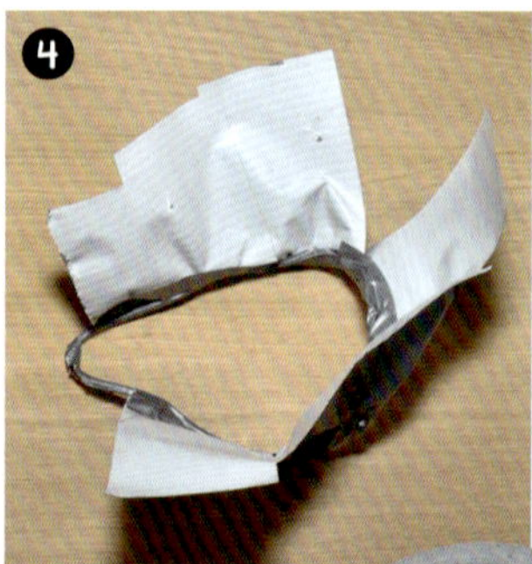

Das Einsetzen der Innenmaske in die Flasche ist ein wenig knifflig, da ihr Sitz die spätere Passgenauigkeit definiert. Zur „Vorfixierung“ werden mehrere Streifen Duct-Tape am Rahmen befestigt.

Der Rahmen wird im Kinnbereich an der Flasche verklebt, dann hineingeschwenkt und rundum mit reichlich Spiel beidseitig verklebt. Das Tape soll – Klebeflächen aneinander – den „Balg“ der Innenmaske bilden. Zwischendurch immer wieder anprobieren und nachjustieren!

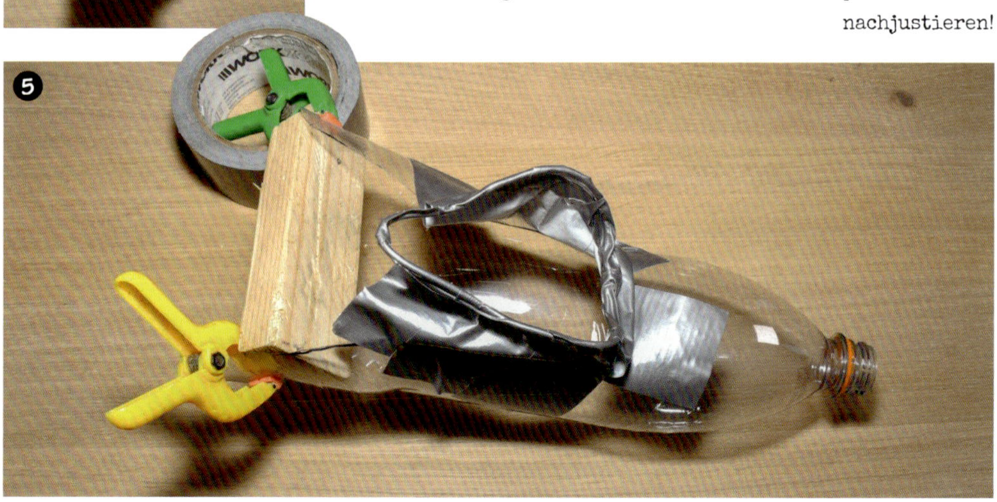

Der kritische Nasenbereich wird zuletzt verklebt, denn gerade hier muss die Innenmaske fest abschließen – sonst werden später die Sichtfenster bei jedem Ausatmen beschlagen.

Ist die Innenmaske fertig eingesetzt, wird der gesamte Rand des Maskenkörpers mit Duct-Tape eingefasst. Das dient zur Verstärkung und zur besseren Abdichtung an der Gesichtshaut.

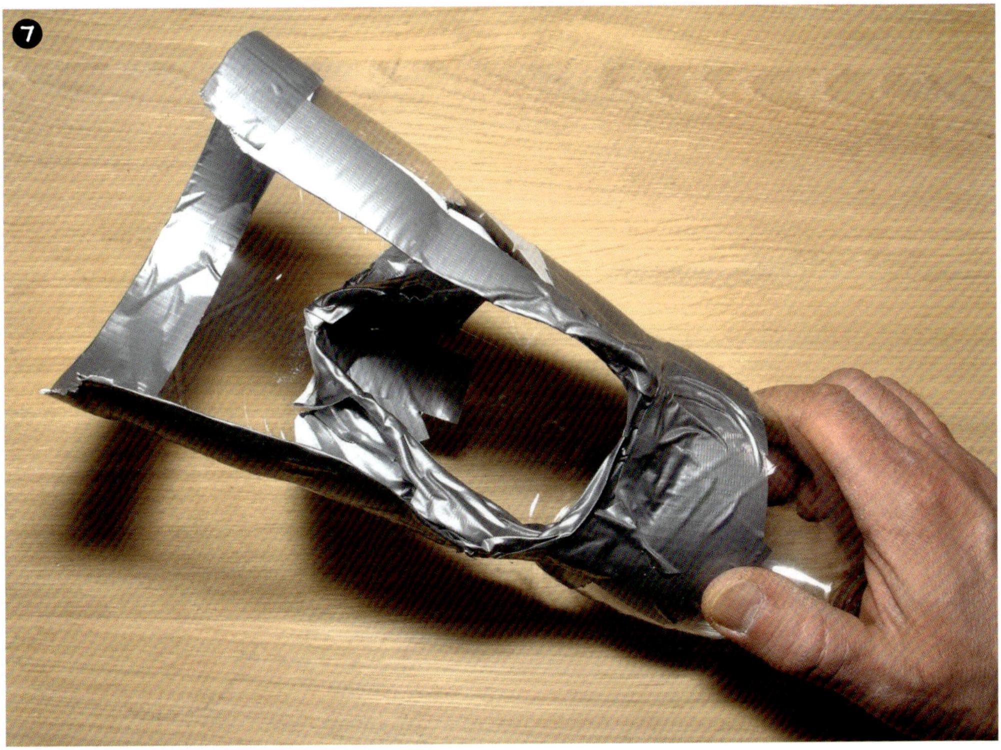

Für die später benötigte Dichtungs-Membran wird ein Stück Fahrradschlauch im Durchmesser des Schraubdeckels ausgeschnitten.

Der Schraubverschluss der großen Flasche soll als Ausatemloch mit doppeltem Rückschlagventil dienen. Um das äußere Schlauchventil an der richtigen Position zu befestigen, schlachtet man Material aus einer kleinen Flasche aus.

Der Boden wird ausgeschnitten und mit einem passenden Loch versehen, um den Schraubverschluss einsetzen zu können. Auch der Schraubdeckel erhält in der Mitte ein Loch, das groß genug für ungehinderten Atemluftstrom ist.

Der Schraubverschluss wird mit Silikon in den Flaschenboden eingeklebt, der Deckel wird aufgeschraubt. Die Membran wird mit drei Streifchen Tape auf den Deckel geklebt, so dass sie dazwischen nur lose aufliegt.

Das gebastelte Ventil wird im Mündungsbereich der großen Flasche innen mit Silikon eingeklebt. Da der Luftstrom von innen die Membran über dem Deckelloch anhebt, kann er ungehindert entweichen. In Gegenrichtung verschließt er das Loch.

Für das äußere Schlauchventil benötigt man erneut einen Schraubdeckel, in den ein Loch geschnitten wird. Ein zwölf Zentimeter langes Stück Fahrradschlauch wird von oben stramm auf den Deckel geschoben.

Der Schlauch wird im vorderen Teil längs halbiert. Die obere der beiden Hälften wird gedreht, um sie wie zwei „Rinnen“ ineinander legen zu können.

In dieser Position werden die beiden Schlauchhälften stramm mit Duct-Tape verklebt. Das Ziel ist ein Schlauch, dessen Flanken eng aufeinanderliegen.

Strömt Luft vom Deckel nach außen, bläht sie den Schlauch und kann entweichen. In der Gegenrichtung lässt sie den Schlauch kollabieren und verschließt ihn so.

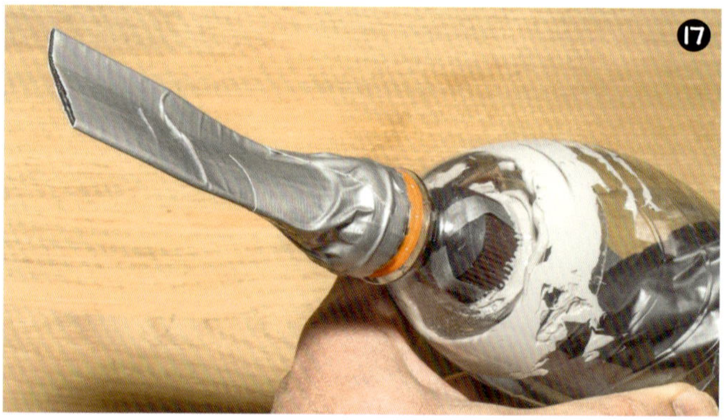

Mit äußerem und innerem Ventil ist die Ausatemöffnung der Maske doppelt gegen schadstoffhaltige Luft geschützt – alle Ventile sollen doppelt vorhanden sein, um die Funktion zu gewährleisten.

Nun werden die Filter hergestellt. Als Körper dienen zwei 0,5-Liter-PET-Flaschen. Um beide mit doppelten Rückschlagventilen versehen zu können, benötigt man noch zwei weitere Exemplare.

Für die Ventile werden an allen vier Flaschen die Köpfe abgeschnitten. Die Sicherungsringe unter den Schraubdeckeln werden entfernt und in jeden Deckel ein Loch geschnitten.

Aus Fahrradschlauch werden vier passende Membranen geschnitten und auf die Deckel geklebt.

Für jedes Filterelement sind nun zwei Ventile vorbereitet.

Je zwei Ventile werden ineinandergesetzt und mit Sanitärsilikon verklebt.

Für den Filterkörper wird der Rumpf der PET-Flaschen noch einmal gekürzt. Am Boden wird eine ausreichende Anzahl Löcher angezeichnet und mit einem Lötkolben oder einem mit dem Feuerzeug erhitzten Nagel eingeschmolzen.

Vier Abschminkpads dienen als Grenzschichten, die die Aktivkohle am Herausrieseln hindern. Ersatzweise können sie auch aus Damenbinden geschnitten werden.

AKTIVKOHLE SELBST HERSTELLEN

MATERIAL
- **Holzkohle**
- **chlorhaltige Wäschebleiche** (oder alternativ Zitronensaft)
- **passendes Glas- oder Keramikgefäß**

Aktivkohle besteht aus feinkörnig zermahlener Holz-, Braun- oder Steinkohle, die auf chemischem Wege poröser gemacht wurde – dadurch wird die Oberfläche der inneren Struktur vergrößert.

Zum Selbermachen werden einige große Brocken Holzkohle in ein Tuch gewickelt und mit dem Hammer zerschlagen. Sobald die Holzkohle zu feinen Krümeln geworden ist, wird sie 24 Stunden in Wäschebleiche oder Zitronensaft getränkt. Danach wird sie drei Stunden in Wasser gekocht, anschließend mehrfach in klarem Wasser ausgespült und sorgfältig getrocknet. Damit ist die Kohle „aktiviert" und einsatzbereit.

In den gelochten Boden des Filterelements wird ein Pad eingelegt und mit einer Silikonnaht zum Rand hin abgedichtet. Wer hier nicht exakt arbeitet, wird später wie ein Schornsteinfeger aussehen.

Die Aktivkohle wird einige Zentimeter hoch eingeschüttet und leicht festgedrückt.

Oben drauf kommt ein Pad, das wieder mit einer Silikonnaht gesichert wird.

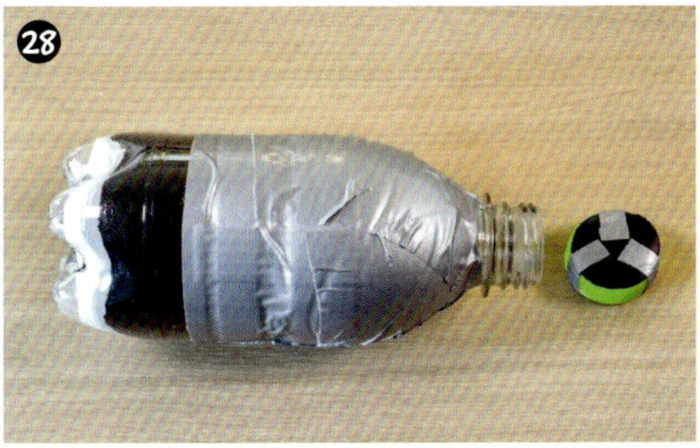

Nun wird das Mundstück mit dem doppelten Rückschlagventil aufgesetzt, mit Silikon abgedichtet und mit Duct-Tape verklebt.

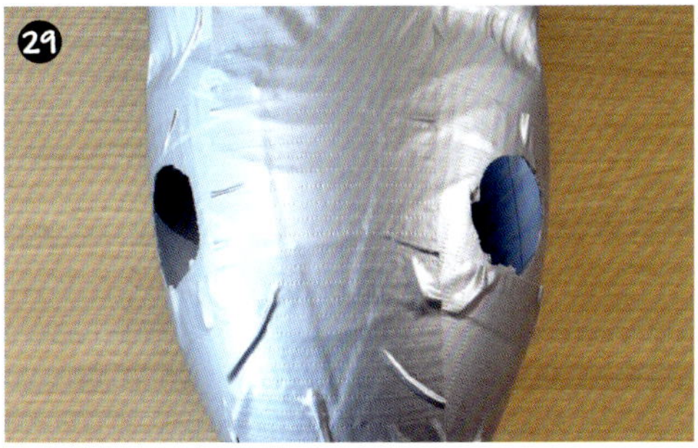

Im Maskenkörper werden an geeigneter Stelle zwei Bohrungen für die Filter platziert.

Zur Abdichtung der Filter werden vier Dichtungen aus Fahrradschlauch geschnitten. Die erste Dichtung wird unterhalb des Verschlussgewindes der Filterpatrone platziert.

Die Filter werden ohne Deckel von außen eingesetzt, von innen kommt ein zweiter Dichtungsring, anschließend wird der Deckel mit dem Rückschlagventil aufgeschraubt und der Filter so fixiert.

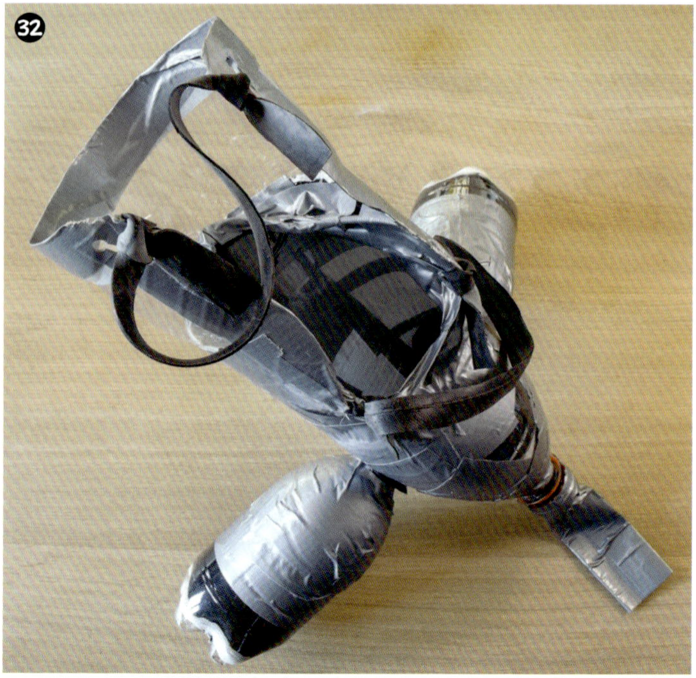

Zur Befestigung der Riemen werden Langlöcher geschnitten. Hosengummis sind wegen des recht hohen Gewichts der Maske zu schwach. Hier wurden etwa 15 Millimeter breite Riemen aus dem restlichen Fahrradschlauch geschnitten und in passender Länge mit dem Maskenkörper verknotet. Damit sitzt die Maske bombenfest und schließt dicht ab.

GÜNSTIGER SCHUTZ

Wenn in einer länger andauernden Krise die öffentliche Ordnung zusammenbricht, wird das zu Hause schnell zur Festung. Ein guter Einbruchschutz ist dann besonders wichtig.

Wer sein Heim sein Eigen nennt, hat im Grunde alle Möglichkeiten, es zu sichern. Etwas anders sieht es aus, wenn man eine Wohung oder ein Haus gemietet hat. Wer als Mieter seine vier Wände sichern will, sollte sich vor größeren baulichen Veränderungen mit dem Besitzer verständigen. Anderenfalls drohen beim Auszug Kosten für den Rückbau. Oder die teuren Sicherungsmaßnahmen werden stillschweigend als zum Bau gehörig angesehen und nicht angemessen vergütet. Wer sich dennoch schützen will, hat allerdings zahlreiche Möglichkeiten, die keine oder nur geringe bauliche Veränderungen mit sich bringen und nahezu nichts kosten.

Die Grundlage für jede Maßnahme im Einbruchschutz ist die Gefährdungsanalyse. Hier ist es lohnend, sich ganz grob einen Grundriss seiner Wohnung oder seines Hauses zu skizzieren und sich dann in die Rolle des Einbrechers zu versetzen. Wie würde man selbst versuchen, ohne Schlüssel ins Innere zu gelangen? Klar, die Eingangstür muss weiterhin mit dem Schlüssel von außen zu öffnen sein. Hier lohnt es sich mitunter, das vorhandene Schloss gegen ein hochwertiges Markenprodukt auszutauschen. Es kann beim Auszug wieder gegen das alte ersetzt und im neuen Mietobjekt wieder eingebaut werden.

Ein Hauptfaktor, der Einbrechern in die Tasche spielt, ist die Standardisierung. Denn eigentlich alle der heutzutage in Häusern und Wohnungen verbauten Fenster und Türen weisen Maßnahmen zum Einbruchschutz auf. Doch da diese in tausendfach gleicher Weise verbaut und die Einbrecher damit immer wieder konfrontiert werden, wissen diese sehr gut, wie sie daran vorbeikommen. Kombiniert man aber die standardisierten Einbruchschutz-Maßnahmen mit eigenen Hilfsmitteln, mit denen

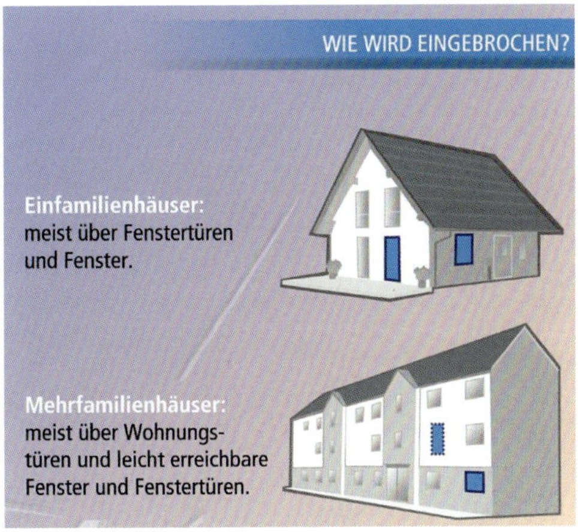

Quelle: k-einbruch.de

Kein Unterschied bei Mietwohnung oder Eigenheim: In den meisten Fällen gelangen die Einbrecher über Fenster oder Türen hinein.

Einbrecher nicht rechnen, müssen sie neue Wege finden. Aber das kostet Zeit – die die meisten Einbrecher nicht haben, denn sie wollen ihr Geschäft so schnell wie möglich erledigen. Sehen sie sich mit schwierigen Aufgaben konfrontiert, lassen sie meist rasch von ihrem Plan ab und suchen sich ein Objekt, das weniger Probleme aufwirft.

Die hier vorgestellten Möglichkeiten bestehen meistens darin, den Öffnungsweg von Tür oder Fenster zusätzlich zu blockieren. Sind also das Schloss oder die Verriegelungen vom Einbrecher in irgendeiner Weise überlistet worden, kann er den Tür- oder Fensterflügel dennoch nicht öffnen, weil einfach mechanisch etwas im Weg ist.

TIPP 1

DER „SCHLÜSSELDRAHT“

Ein alter, aber immer noch funktionierender Trick von Einbrechern ist, bei Türen mit Bartschlüsseln den Schlüssel von der anderen Seite zu drehen oder herauszustoßen. Dagegen hilft ein einfaches Stück Draht. Ist jede Zimmertür so gesichert, kann das Einbrechern den Weg durchs Haus erschweren.

Ganz einfach: Ein gebogener kräftiger Draht, über die Türklinke gehakt und durch das Loch im Schlüsselgriff geführt, verhindert äußeren Zugriff auf den Schlüssel.

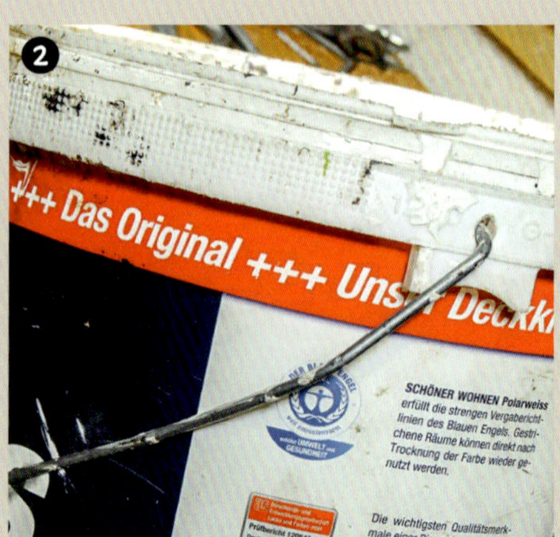

Günstige Lösung: Für viele der gezeigten Tipps ist starker Stahldraht erforderlich. Dazu eignet sich sehr gut der Henkel von alten Farb- und Putzeimern. Vor dem Wegwerfen den Draht abmachen und aufbewahren!

TIPP 2

FENSTER- UND TÜRENSICHERUNG

Mit ein paar ganz einfachen Maßnahmen lassen sich Türen und Fenster blockieren, ohne dass man sie mit Dachlatten oder ähnlichem verbarrikadieren muss.

Der Zapfen eines Ladenbands wird oben in den Sturz gedübelt.

An das Ladenband wird ein Winkelblech angeschraubt. Wenn es eingehängt ist, stößt beim Einbruchversuch der Winkel oben an den Sturz und blockiert das weitere Öffnen.

Zweiflügelige Fenster lassen sich mit Kette und Vorhängeschloss sichern.

Achtung: Sind einer oder gar beide Flügel mit einem Dreh-Kipp-Beschlag versehen, muss die Kette so stramm sitzen, dass sich die Flügel nach Entriegelung nur wenige Millimeter öffnen lassen. Anderenfalls können sie trotz Sicherung von außen ausgehängt werden!

TIPP 3

TÜR-BLOCKADEN

Verbarrikadieren ist eines der ältesten Prinzipien, um Eindringlinge draußen zu halten. Was bei der Belagerung einer Burg funktioniert, wirkt im viel kleineren Maßstab auch bei den Außentüren.

Eine passgenau gesägte Dachlatte blockiert die Türklinke. Selbst wenn Einbrecher das Schloss überlisten, können sie die Tür nicht öffnen.

Wichtig ist, am oberen Ende der Latte eine Kerbe für die Türklinge anzubringen: Das verbessert den Halt und verhindert, dass die Sicherung versehentlich abrutscht.

Auch so lässt sich eine Tür von innen blockieren: Eine Dachlatte, die sich an einer gegenüberliegenden Wand abstützt, verhindert das Öffnen der Tür.

Mithilfe eines Keils lässt sich die Latte stramm zwischen Tür und Wand einpassen.

Ein Keil, mit ein bis zwei kräftigen Tritten unter die Tür getrieben, kann das Öffnen ebenfalls dauerhaft verhindern. Das hier gezeigte Exemplar aus Hartgummi kommt auch auf glatten Fliesenböden nicht ins Rutschen.

TIPP 4

SCHUTZ FÜR HEBEBESCHLÄGE

Hebebeschläge sind an Balkon- und Terrassentüren weit verbreitet. Viele lassen sich jedoch von außen leicht aushebeln oder anderweitig manipulieren. Man kann jedoch leicht eine zusätzliche Sicherung einfügen.

Als erstes wird durch den unteren Teil des Hebebeschlags ein drei Millimeter starkes Loch gebohrt.

Das Loch muss im unteren Teil des Beschlags platziert sein, in dem der Öffnungshebel einen Vierkantstahl in einer Manschette auf und ab bewegt.

Dann wird aus kräftigem Draht ein passender Federclip gebogen. Der gerade Teil des Clips wird im zuvor gebohrten Loch platziert. Dann ist die Mechanik blockiert – auch von innen lässt sich der Hebel nicht mehr bewegen.

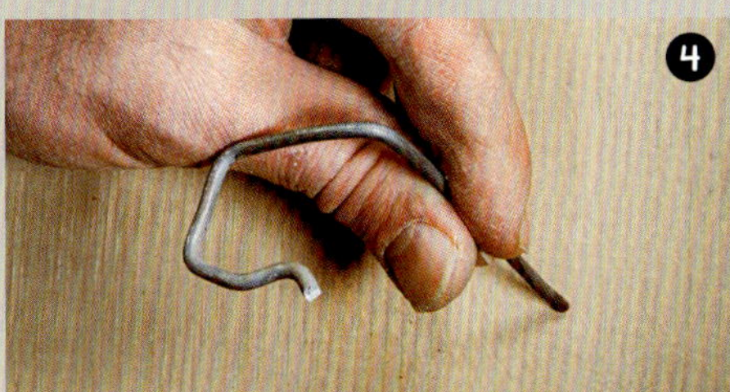

Wer in einem gemieteten Objekt lieber keine Löcher in einen Beschlag bohren will, formt aus dem gleichen Draht einfach den gezeigten Clip.

Dieser lässt sich mit seinem langen Ende von links hinter den Beschlag einführen und über den Hebel klammern. Auch so ist die Mechanik blockiert, und die Tür lässt sich von außen nicht aufhebeln.

TIPP 5

GUTE TÜRSCHLÖSSER

In vielen, auch hochpreisigen Wohnungen und Häusern sind Schlösser eingebaut, die ein durchschnittlicher Einbrecher mit einer umgebogenen Sicherheitsnadel „aufkitzeln“ kann. Ist die Tür aber an sich stabil, lohnt sich hier jeder zusätzliche Euro, der in ein Qualitätsschloss investiert wird.

Zum Ausbau des Schlosses muss lediglich die Tür geöffnet und im Türfalz in Höhe des Schlosses eine lange Schraube entfernt werden. Wird nun der Schlüssel im Schloss um etwa eine Achteldrehung gedreht, lässt sich der Zylinder herausziehen.

Achtung: Jetzt muss die korrekte Länge von Außen- und Innenseite des Schlosses gemessen und ein neues Schloss mit genau diesen Abmessungen gekauft werden. Ziel ist, dass das Schloss an der Außenseite exakt bündig mit dem Schließblech abschließt. Steht es auch nur einige Millimeter vor, können Einbrecher es mit speziellem Werkzeug packen und herausreißen. Der Einbau des neuen Schlosses erfolgt dann in exakt umgekehrter Reihenfolge.

Infos zu guten Türschlössern findet man unter:
www.k-einbruch.de und www.nicht-bei-mir.de

Diese Schraube muss gelöst werden, um den Zylinder austauschen zu können.

Ist die Schraube entfernt, genügt eine Achteldrehung mit dem Schlüssel, und der Zylinder kann herausgezogen werden.

Vermessen des Zylinders: Die Länge des Schlosskastens vor und hinter der (schwarzen) Arretierung in der Mitte ist ausschlaggebend. Das neue Schloss muss diesen Maßen entsprechen – im Zweifel beim Verkäufer nachfragen!

So muss der Zylinder in der Tür sitzen: Das Schloss darf nicht mehr als einen Millimeter hinausstehen. Anderenfalls können Einbrecher das Schloss packen und herausreißen.

NOTSTROM

Was auf den ersten Blick wie ein Witz erscheint, ist eine ernst gemeinte Lösung: Notstrom-Generatoren, die mit Muskelkraft betrieben werden. Wir zeigen, wie man einen praktischen Fahrrad-Generator bauen kann.

Eine Menge Krisenvorsorge-Tipps aus den USA sind leider im dicht bebauten Europa nicht wirklich umsetzbar. Zum Beispiel können viele Menschen nicht einfach mal eben ein Diesel-Notstrom-Aggregat installieren. Wo soll man in einer Mietwohnung ein solches Aggregat aufstellen? Ganz zu schweigen davon, dass man aus rechtlichen Gründen keine größeren Mengen Treibstoff auf Privatgrundstücken lagern darf. Aber es gibt andere Möglichkeiten: Bei Besuchen in Museums-Bunkern sieht man manchmal Vorrichtungen, bei denen mit umgebauten Fahrrädern Geräte betrieben und/oder Strom erzeugt wurde. Was in größerem Maßstab im Bunker funktioniert, macht eine Nummer kleiner auch zu Hause durchaus Sinn – vor allem dann, wenn man das Ganze so baut, dass man das Fahrrad einfach aushängen und wieder als Transportmittel benutzen kann.

Für unseren Generator brauchen wir natürlich einen Ständer zum Aufbocken. Man kann ihn ganz leicht aus Holz selber bauen. Unsere Konstruktion lässt sich in ihre Einzelteile zerlegen und platzsparend lagern, bis der Blackout kommt. Wer es sich beim Basteln lieber einfach machen will, kann als Ständer auch einen „Rollentrainer" verwenden – mit diesen Gestellen lassen sich Fahrräder als Heimtrainer aufbocken. Der bauliche Aufwand ist so wesentlich geringer, und Rollentrainer kosten auch nur unwesentlich mehr als das Material des Eigenbaus.

Die meisten elektrischen Geräte werden mit 220 Volt Wechselstrom (AC) betrieben. Es erfordert aber einigen technischen Aufwand, Wechselstrom direkt zu erzeugen. Es finden sich auch für den Hausgebrauch kaum Akkus zum Speichern. Mit einem Spannungswandler lässt sich aber 12 Volt Gleichstrom in 220 Volt Wechselstrom umwandeln. Es gibt dabei zwar einen leichten Energieverlust, der fällt aber in der Praxis nicht ins Gewicht. Auf diese Weise lassen sich für den Bau des Fahrradgenerators Autobatterien und andere Komponenten vom Schrottplatz verwenden.

Als Generator kann man sehr gut eine alte Auto-Lichtmaschine vom Schrott verwenden – oder einfach einen handelsüblichen 12-Volt-Elektromotor: Wird dieser mit externer Kraft durchgedreht, funkioniert er ebenfalls als Generator. Die Nenndrehzahl sollte bei ungefähr 2000 bis 3000 Umdrehungen pro Minute liegen. Dank Übersetzung lässt sich diese Drehzahl ohne große Mühe mit dem Fahrrad erreichen: Das große Hinterrad treibt eine kleine Reibrolle mit ein paar Zentimeter Durchmesser an, die mit dem Generator verbunden ist.

Das Speichern des Stroms ist knifflig: Man sollte auf keinen Fall die Drähte des Generators einfach an die Pole der Batterie anschließen. Zum Aufladen benötigen Batterien eine etwas höhere Spannung als die Nennspannung (also mindestens 13 statt 12 Volt). Wird die Spannung aber zu hoch, kann sie die Batterie zerstören. Der Fahrrad-Generator ist eine sehr unstete Stromquelle: Spannungsspitzen wechseln mit schwächeren Phasen ab – je nach Erschöpfungszustand des Fahrers. Deshalb verwendet man zusätzlich einen Laderegler: Er hält die Spannung jederzeit auf dem richtigen Niveau, vermeidet schädliche Stromstärken und schaltet ab, wenn die Batterie voll geladen ist.

Zuerst wird mit einem Multimeter festgestellt, an welchen Drähten positive und negative Polung liegen: Das ändert sich, je nachdem in welcher Richtung die Welle des Motors gedreht wird. Ist das per Konstruktion des Unterstellbocks festgelegt, werden die Anschlüsse entsprechend markiert und mit den passenden Buchsen am Ladegerät verbunden. Die Polung am Ausgang des Ladegeräts ist dann eindeutig. Von hier werden zwei Kabel an die Pole der Batterie geführt. Um aus der Autobatterie dann am Ende 220 Volt Wechselstrom zu erzeugen, wird dann noch der Spannungswandler angeschlossen.

Mit diesem Aufbau dauerte es etwa eine halbe Stunde, um genügend Strom für das Laden eines Smartphone-Akkus zu erzeugen. Die Autobatterie komplett zu laden, würde knapp acht Stunden dauern. Diese Zeit lässt sich aber noch verkürzen, wenn man statt eines 150-Watt-Motors einen doppelt so starken als Generator verwendet. Nachdem wir etwas Erfahrung mit unserem Aufbau sammeln konnten, haben wir auch noch Verbesserungs-Potenzial erkannt: Der Laderegler wird am besten am Lenker des Fahrrads in Sichtweite angebracht – so kann man die Drehzahl besser steuern, um jederzeit den optimalen Ladestrom zu produzieren.

DER PLAN

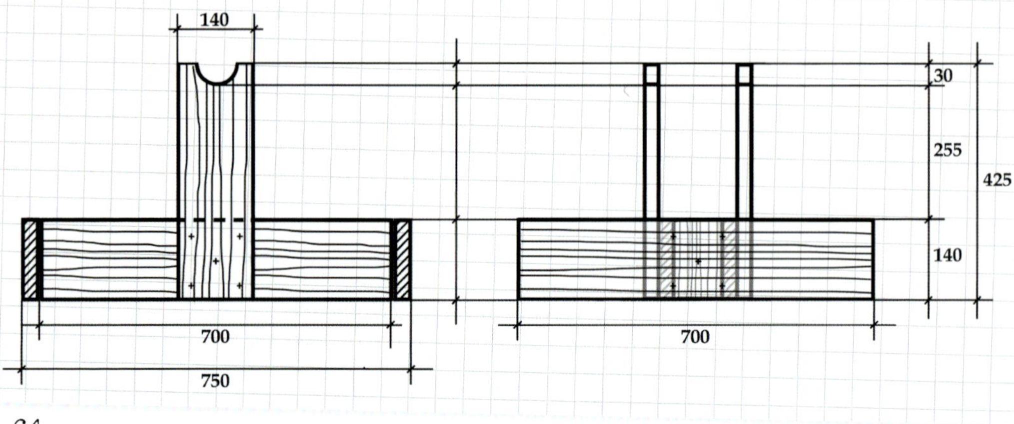

MATERIAL

- **2 x Holzbrett 42,5 x 14,0 x 2,5 cm** (senkrechte Ständer)
- **4 x Holzbrett 70,0 x 14,0 x 2,5 cm** (Längs- und Querstreben)
- **1 x Holzbrett 35,0 x 14,0 x 2,5 cm** (Motorhaltebrett)
- **2 x Kantholz 14,0 x 10,0 x 6,0 cm** (Zwischenlagen)
- **2 x BMX-Fußrasten („Pegs"), EUR 7,90** (pentagonsports.de)
- **1 x Autobatterie 12V, ab EUR 52,50** (atu.de)
- **1 x 12V Laderegler, ab zehn Euro** (real.de)
- **1 x Spannungswandler 300W 12–220V, EUR 24,99** (expondo.de)
- **1 x Elektromotor 150W 12V DC, EUR 35,99** (amazon.de)

GENERATOR MIT SELBSTGEBAUTEM STÄNDER

Zuerst werden die BMX-Fußrasten an der Hinterachse des Fahrrads angebracht. Mit ihnen lässt sich das Bike besser auf dem Ständer stabilisieren.

Um die Auflage für die Fußrasten herzustellen, wird in die Mitte des Ständer-Bretts ein passendes Loch gebohrt und das Brett dann in der Mitte durchgesägt.

Die beiden Ständer mit der halbrunden Auflage für die BMX-Fußrasten werden dann im unteren Bereich jeweils fünf Mal für die Verschraubung gebohrt.

Zwei von den 70 Zentimeter langen Brettern dienen als waagerechte Rahmenteile. Zum mittigen Verbinden werden Markierungen angebracht.

Vor dem Verschrauben (kleines Bild) wird Leim aufgetragen – das sorgt für eine dauerhafte Verbindung auch unter dynamischer Belastung.

Mit den Holzklötzen als Zwischenlagen werden die Bretter jeweils an den Enden zu einem schmalen Rahmen verschraubt – erneut unter Leimzugabe.

Beim fertigen Rahmen benötigt man Querstreben, um ihn kippstabil zu machen. Das werden die zwei verbliebenen 70-cm-Bretter.

An den Querstreben wird wieder die Mitte angerissen, Schraubenlöcher gebohrt. Die Streben werden verschraubt und verleimt.

Damit ist die Basis fertig – das Fahrrad lässt sich bereits einhängen und „probefahren".

Als Generator dient ein einfacher Elektromotor. Das Hauptproblem ist die Befestigung einer Reibrolle und auch einer Verlängerung der Achse, die für den nötigen Abstand zum Fahrradreifen sorgt.

An der Welle des Motors ist eine Zahnriemenscheibe verpresst. Auf sie muss ein Rohr zur Verlängerung geschoben werden. Dazu muss man den vorderen Absatz abdrehen und die Scheibe an das Innenmaß des Rohrs anpassen.

Die abgedrehte Riemenscheibe: Dazu wird einfach der Motor an eine Autobatterie angeschlossen und bei laufender Welle eine Feile an die Riemenscheibe gehalten.

Vom Rohr wird ein passendes Stück abgelängt.

Als Reibrolle dient ein Möbelrad aus Hartgummi, das aus dem Gehäuse entfernt wird.

Das Achsloch im Reibrad wird auf den Außendurchmesser des Rohrs aufgebohrt. Lieber bohrt man zuerst etwas zu klein und arbeitet dann nochmal nach.

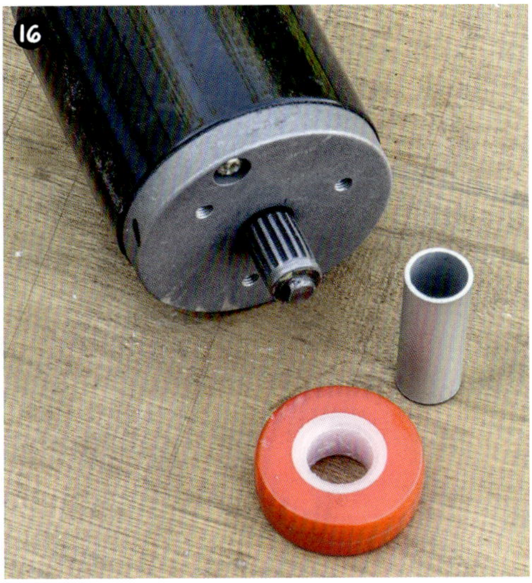

Das Rad soll stramm sitzen und sich nur mit sanfter Gewalt auf das Rohr schieben lassen. Verlängerungsrohr und Reibrolle sind nun montagebereit.

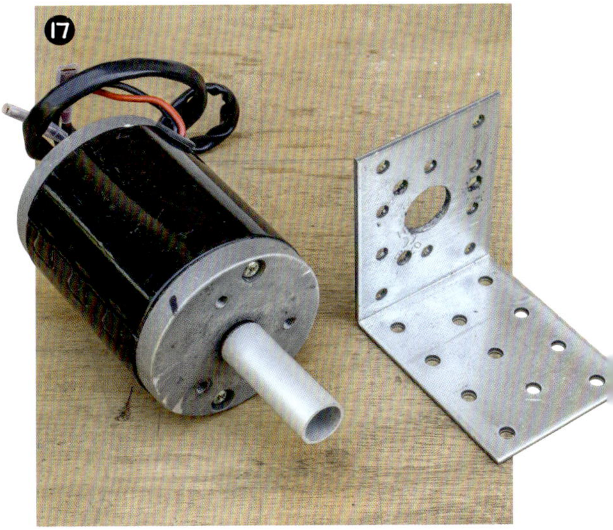

Zur Montage an einem Träger weist der Motor drei Gewindebohrungen M5 an der Stirnseite auf. Ein Metallwinkel wird entsprechend gebohrt.

Der Motor wird mit dem gebohrten Träger verschraubt. Erst dann werden Verlängerungsrohr und Reibrolle aufgesteckt und zusätzlich mit Epoxidharz verklebt.

Der Träger wird mitsamt Motor auf ein passendes Brett geschraubt, das als schwenkbarer Halter dienen soll. Dazu wird an einem Ende ein Scharnier angeschraubt.

Die genaue Position des Motors auf dem schwenkbaren Brett sowie dessen Position an der Basis ergibt sich aus der Stellung des eingehängten Hinterrads.

Wird das Motorhaltebrett gegen das Hinterrad geschwenkt, soll die Reibrolle mittig auf dem Reifen anliegen. Für den nötigen Anpressdruck sorgt ein langes Gummiband. Dafür wird ein alter Fahrradschlauch einfach in Längsrichtung halbiert. Das Gummiband wird an der Oberkante des Motorhaltebretts durch zwei Schrauben ösen geführt.

Die fertige Konstruktion ohne Fahrrad.

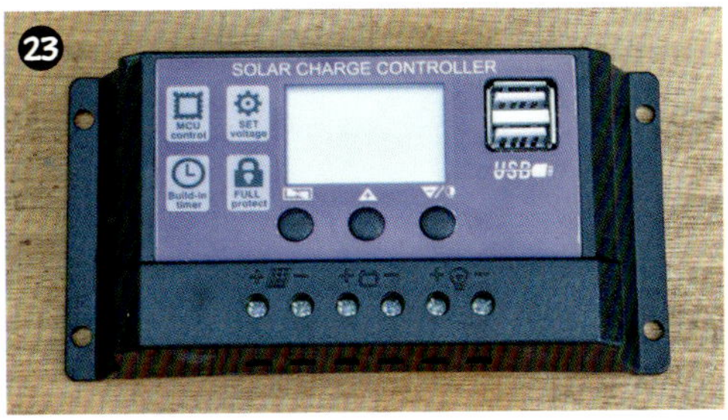

Um mit dem Generator eine Batterie laden zu können, ist ein Laderegler erforderlich.

Mit dem Spannungswandler lässt sich 12 Volt Gleichstrom in 220 Volt Wechselstrom umwandeln.

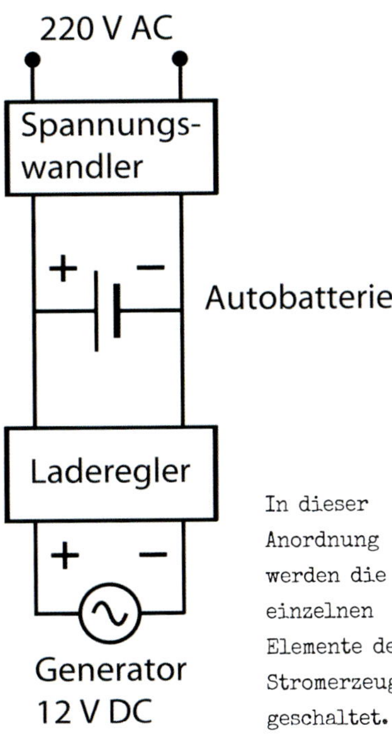

In dieser Anordnung werden die einzelnen Elemente des Stromerzeugers geschaltet.

Unser Generator wird an das Ladegerät angeschlossen. Von dort führen zwei Kabel zur Batterie. Diese ist mit dem Spannungswandler verbunden.

Der fertige Generator mit eingehängtem Fahrrad.

GENERATOR MIT FERTIGSTÄNDER

Wenn man sich einen großen Teil der Bastelei ersparen will, verwendet man einen sogenannten Rollentrainer als Ständer. Damit lässt sich ein Fahrrad in einen Heimtrainer verwandeln (68 Euro, amazon.de). Dann sind auch die BMX-Fußrasten nicht erforderlich.

Für diese Konstruktion muss man nur den eigentlichen Generator und sein Haltebrett selber bauen.

Rollentrainer klemmen das Rad an seinen Achsmuttern wie ein Schraubstock ein.

Das selbstgebaute Motorhaltebrett wird einfach mit Kabelbindern und Gummiband befestigt.

Dazu werden an der Unterkante des Bretts zwei oder mehr Löcher gebohrt. Das Brett wird an der unteren Querstrebe des Ständers festgezurrt.

Der Anpressdruck wird wie zuvor mit den Gummi-Spannriemen erzeugt.

BLACKOUT-OFEN

Rocket Stoves haben sich in Krisengebieten, bei Bushcraft und Survival bestens bewährt und sind auch für Blackout-Szenarien gut geeignet. Wir zeigen zwei Methoden, um sie ganz einfach selber zu bauen.

Nicht jeder, der sein Essen auf offener Flamme zubereiten muss, hat das Glück, sich in einem Wald oder an einem reich mit Treibholz versehenen Strand zu befinden. Brennstoff ist vielmehr oft Mangelware. Das gilt auch für Blackout-Situationen in der Stadt, in der in Krisenzeiten die wenigen in öffentlichen Parks herumliegenden Äste auch heiß umkämpft sein dürften.

Wer sein Essen in einem Topf über dem offenen Lagerfeuer kocht, wird bald feststellen, dass er sehr viel Holz verbraucht: Ein Großteil der Wärme verfliegt einfach. Die Lösung dafür sind „Rocket Stoves“: Durch einen Luftzug – den Kamineffekt – erzeugen sie hohe Hitze und nutzen den Brennstoff optimal aus. Die Wärme landet ausschließlich dort, wo sie hingehört: nämlich an den Boden des Topfs oder der Pfanne. Oft reichen schon zwei Handvoll fingerdicker Äste aus, um ein komplettes Essen zu kochen. Zudem ist es auch für Anfänger sehr einfach, ein Feuer darin in Gang zu bringen und zu unterhalten.

Rocket Stoves lassen sich sehr einfach selber bauen. Für den stationären Einsatz dicht am Haus eignen sich Varianten aus Ziegel- oder Bruchsteinen am besten, für den mobilen Einsatz ein Hobo-Kocher aus einer Konservendose.

Die einfache steinerne Konstruktion ist auch als „Germanenherd“ bekannt. Vermutlich geht diese Bezeichnung auf die Trümmerzeit nach dem Zweiten Weltkrieg zu-

Der Kamineffekt beim Rocket Stove: Durch den Luftzug wird hohe Hitze erzeugt und so der Brennstoff optimal ausgenutzt.

rück, aber so ganz genau weiß man das nicht.

Aus einer großen Konservendose lässt sich ein kleiner Ofen bauen, der auch mit dem Kamineffekt funktioniert. Dieses Prinzip wurde der Überlieferung nach von den Hobos – amerikanischen Wanderarbeitern – Anfang des 20. Jahrhunderts erfunden.

Ob Steine oder Konservendose: Beide Versionen lassen sich auch ohne viel Werkzeug oder handwerkliche Kenntnisse selber bauen.

SICHERHEITSHINWEIS

Die nachfolgend beschriebenen Öfen sind ausschließlich für den Gebrauch im Freien gedacht. Auf keinen Fall dürfen sie in geschlossenen Räumen verwendet werden! Sauerstoffverbrauch und Kohlenmonoxidausstoß sind so groß, dass innerhalb von kurzer Zeit Vergiftungsgefahr besteht. Aus Sicherheitsgründen sollte man sie auf möglichst feuerfestem Untergrund aufbauen und nicht in der Nähe von brennbarem Material verwenden.
In einer echten Notfallsituation gelten viele Regeln der öffentlichen Ordnung nicht mehr, aber wenn man den Bau der Öfen vorher einmal ausprobiert, sollte man einiges beachten. Zum einen sollte man beim Betrieb einen Eimer Wasser zum Löschen bereithalten. Zum anderen kann man normalerweise nicht einfach im Park nach Herzenslust Bäume fällen oder klafterweise Holz im Wald sammeln – aber viele Kommunen erteilen dafür spezielle „Holzsammelscheine".

PROJEKT 1: ROCKET STOVE AUS ZIEGELSTEINEN

Mit etwa zwei Dutzend Ziegelsteinen kann man in wenigen Minuten einen effektiven Ofen im Hinterhof oder Garten (in echten Krisenzeiten notfalls sogar auf dem Balkon) zusammensetzen. Neben Ziegeln eignen sich alle Arten von Mauersteinen, sogar Feld- oder Bruchsteine. Letztere werden dann mit einem Lehmstrich miteinander verbunden, um die nötige Stabilität und Dichtigkeit zu erreichen. Notfalls lässt sich diese Ofenkonstruktion auch in einem Erdwall oder -haufen improvisieren, indem man an geeigneter Stelle ein etwa 50 Zentimeter tiefes Loch senkrecht in den Boden treibt und dann von der Seite zwei weitere Löcher waagerecht bis zum Grund des anderen gräbt.

Der Ofen sollte auf nicht brennbarem Untergrund stehen. Hier wurden alte Gehwegplatten in den Rasen gesetzt.

Die erste Lage Steine formt aus drei ganzen und einem halben Stein ein „U“. Die Öffnung sollte in Windrichtung liegen – sie dient als Lufteinlass.

Die nächsten dreieinhalb Steine bilden wieder ein „U“, aber um 90 Grad gedreht. Diese Öffnung dient der Holzzufuhr.

Nun folgen insgesamt vier Lagen, die aus jeweils vier ganzen Steinen einen geschlossenen Ring bilden.

Die nächsten Lagen sollten jeweils um 90 Grad gedreht werden, um einen Kreuzverbund und damit Stabilität zu erzeugen.

Durch den Lagenbau in die Höhe entsteht ein stabiler Kamin, der dem Ofen einen starken Zug verleiht.

Ist die vierte und letzte Lage aufgelegt, ist der Ofen fertiggestellt.

Zwei weitere Steine auf dem Rand dienen als Auflage. Topf oder Pfanne dürfen nicht direkt auf das Kaminloch gesetzt werden, da sie es verschließen und damit den Zug behindern würden. Eine Alternative wären zwei Metallstangen.

Zum Anfeuern wird ein Knäuel brennendes Zeitungspapier von oben in das Kaminloch geworfen und sofort einige fingerdicke Äste durch das Anfeuerungsloch geschoben.

Resultat: Der Ofen zieht hörbar, und das Feuer brennt!

Schnell eine Pfanne oder einen Topf aufgesetzt und das Kochen kann beginnen.

Ist etwas mehr Hitze nötig, kann auch mal ein Stock von oben eingelegt werden – das bringt die Flamme näher an den Topfboden.

Ansonsten müssen nur ab und zu die Stöcke im Feuerungsloch nachgeschoben werden, um das Feuer in Gang zu halten.

Auf diese Weise ist die Mahlzeit ruckzuck fertig. Im Garverhalten gleicht der Ziegelofen einem Gasherd.

PROJEKT 2: HOBO-KOCHER AUS KONSERVENDOSEN

Unser Hobo-Kocher besteht aus einer 800-Gramm-Konservendose. Öffnungen am unteren und oberen Rand sorgen für einen ausreichend starken Luftzug. Profis verwenden mehrere verschieden große Dosen, die unterschiedlich kunstvoll in- oder aneinander montiert werden, um einen richtigen „Rocket Stove" zu bauen. Abgesehen davon, dass Konservendosen der passenden Größen nicht in jeder Situation verfügbar sind, ist es ohne geeignetes Werkzeug auch nicht gerade einfach, diese zum Teil recht komplizierten Konstruktionen zu verwirklichen. Unser einfacher Hobo-Ofen lässt sich dagegen nur mit einem Schweizer Taschenmesser oder Multitool herstellen, die in jeden Fluchtrucksack passen.

SICHERHEITS-HINWEIS: Wie wir selber schmerzlich erfahren mussten, erzeugt diese Bastelei sehr scharfe Kanten im Blech. Daher sollte man dabei robuste Arbeitshandschuhe tragen!

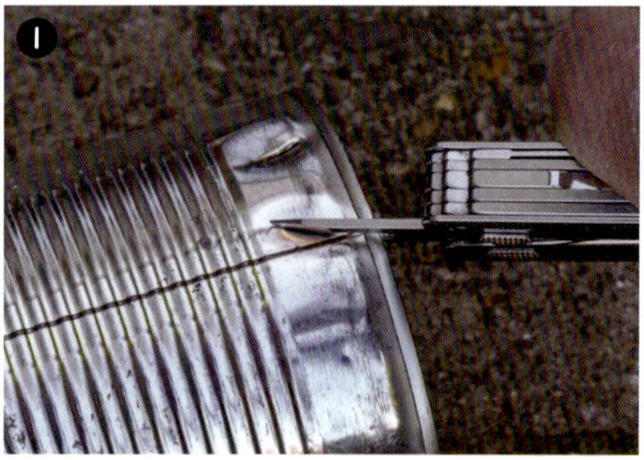

Mit dem Büchsenöffner des Tools werden an verschiedenen Stellen der Dose dreieckige Öffnungen eingeschnitten. Am Anfang wird zweimal leicht schräg vom Rand her in das Blech gehebelt.

Um aus den Einstichen das Dreieck zu formen, werden diese mit schneidenden Bewegungen des Büchsenöffners verlängert und zusammengeführt.

Dann wird das Dreieck mit der Zangenspitze eingedrückt...

...und auf den Dosenboden gebogen.

Dort, wo die Dreiecke auf dem Dosenboden aufliegen, werden nun die gleichen dreieckigen Öffnungen eingeschnitten.

Die beiden entstandenen Dreiecke werden jeweils gemeinsam nach unten durchgebogen...

... und anschließend mit der Zange um den Rand gebogen.

Die umgebogenen Dreieckspaare bilden die Füße des Ofens und sorgen dafür, dass der Ofen nicht nur von der Seite, sondern auch vom Boden her Luft ziehen kann.

Am oberen Rand der Dose werden nun die gleichen Dreiecke eingeschnitten – sie dienen dem Ofen zum „Ausatmen".

Die Öffnungen werden dicht nebeneinander um den ganzen oberen Rand eingeschnitten.

Die entstandenen Dreiecke werden nach innen geklappt und dann nach oben um den Rand der Dose umgeschlagen – so bilden sie eine Auflage für den Topf.

Zum Anfeuern genügen wieder ein Knäuel Zeitungspapier und ein paar kurze Zweige.

Wenn das Feuer einmal brennt, werden einige dickere Aststücke nachgelegt ...

... und der Topf darüber gesetzt. Zum Nachlegen von Brennmaterial wird der Topf kurz angehoben.

SONNEN-KÜCHE

Die Sonne kann man auch als Energiequelle zum Kochen verwenden. Dafür bauen wir einen wirklich effizienten und fast kostenlosen Solarkocher, der auch bei leicht bedecktem Himmel bestens funktioniert.

Wir sind es gewohnt, dass der Strom aus der Steckdose oder das Gas aus der Leitung kommen. Beides nutzen wir normalerweise zum Kochen. Wenn die Steckdose aber tot und die Leitung ohne Druck ist, muss man auf Alternativen zurückgreifen. Neben Holz, Kohle, Kerzen, Gaskartuschen und anderen brennbaren Stoffen bietet sich die Sonne als Energielieferant an – wenn sie denn scheint. Dann allerdings hat sie mächtig Power.

Dazu muss das Sonnenlicht gebündelt und konzentriert werden. Bei sichtbarem Licht macht man das oft mit Lupen. Allerdings gibt es kaum bezahlbare Linsen, die geeignet wären, einen ganzen Topf zu erhitzen. Will man Strahlung beugen oder bündeln und auf einen Punkt konzentrieren, nutzt man sogenannte Parabol- oder Newtonspiegel in einer reflektierenden Schüssel – ganz so wie bei einer Satellitenschüssel.

Allerdings ist der Begriff Schüssel etwas missverständlich, weil es sich dabei weniger um eine einfache sphärische Schüssel, also einen Kugelabschnitt handelt, sondern um eine Parabolform. Bei ihr ist die Krümmung am Rand schwächer ausgeprägt als in der Mitte. Das stellt sicher, dass nach dem Reflexionsgesetz „Einfallswinkel ist gleich Ausfallswinkel" an den unterschiedlichen Stellen der Schüssel die Strahlung unter-

ACHTUNG HEISS!

Bei einer Antenne von einem Meter Durchmesser liegt die Reflexionsoberfläche bei etwa 0,8 Quadratmetern und die Sonneneinstrahlung bei 800 Watt. Sie wird auf einen nur wenige Quadratmillimeter großen Punkt konzentriert. Dabei entstehen Temperaturen von mehreren tausend Grad Celsius! Niemals darf sich etwas im Strahlengang im oder um den Brennpunkt herum befinden. Es kann sich erhitzen, schmelzen, entzünden oder gefährliche Strahlung reflektieren – sogar Stahl. Niemals in das Licht am Brennpunkt schauen und nach Benutzung alles so abdecken, dass keine Sonne darauf fallen kann! Sonst sind Brände unvermeidbar.

WICHTIGES ZUM EIGENBAU

Der Bau des Solarkochers ist im Prinzip ziemlich einfach. Die Schüsselfläche muss verspiegelt werden und der Topf so platziert, dass möglichst viel Licht darauf fällt. Dabei sind zwei Dinge zu beachten: Der Brennpunkt liegt nur über dem Zentrum, wenn die Sonne senkrecht einfällt. Einen „im Wasser" stehenden Topf kreisrund zu beleuchten, ist deshalb nur mittags auf dem Äquator möglich. Dementsprechend wählen wir den Beleuchtungsbereich bei etwa 75 Prozent des Topfdurchmessers, um leichte Verzerrungen abfangen zu können. Zudem muss je nach Sonnenstand die Neigung der Reflektorschüssel angepasst werden. Deshalb bauen wir praktischerweise das Topfgestell vom Reflektor getrennt.

schiedlich abgelenkt wird und so auf einen Punkt gebündelt werden kann. Egal an welcher Stelle Strahlung auf die Oberfläche fällt, sie wird so abgelenkt, dass sie jeweils genau an einem Punkt ankommt – bei Antennen ist dort der Empfänger angebracht. Aus diesem Grund ist der Effekt viel stärker als bei unpräzisen Faltkonstruktionen, die keinen Brennpunkt, sondern eine unsaubere Brennlinie erzeugen.

Alte Parabolantennen sind oft umsonst oder sehr günstig zu haben. Sie in einen Solarkocher umzubauen, spart deshalb nicht nur sehr viel Energie beim Kochen, sondern auch Ressourcen durch die Weiternutzung der gebrauchten Antennen. Allerdings wird für die Beugung von Radiowellen keine optische Reflexion gebraucht, weshalb diese Antennen nicht verspiegelt sind. Wir müssen sie erst mit einer optischen Reflektorschicht versehen. Das zurückgeworfene Licht kann dann auf dem Topfboden gesammelt und zum Kochen genutzt werden.

Wir suchen zu diesem Zweck genau den Abstand, an dem die Reflexion einen Lichtkreis von etwa 75 Prozent des Topfbodens bedeckt. Dafür nehmen wir einfach die Mitte des Empfänger-Gehäuses als Brennpunkt. Wir spannen von den Außenseiten der Antenne zwei Schnüre, so dass sie sich in der Mitte des Empfängers kreuzen. Wir markieren die Stelle, an der sich die Leinen dahinter wieder so weit voneinander entfernt haben, dass die Strecke etwa drei Viertel des Topfdurchmessers entspricht. Nutzt man die weiter entfernte Ebene, verringert man den Verlust durch Schattierung durch den Topf selbst. Allerdings bedeutet das, dass im laufenden Betrieb der eigentliche Brennpunkt als Gefahrenstelle offen liegt.

Durch die spezielle Parabolform der Antenne werden parallel einfallende Strahlen von Satellit oder Sonne zu einem Punkt konzentriert.

Bei durchgehend runden Spiegeln entsteht keine Brennlinie. Diese einfachen Sammelspiegel sind erheblich ineffizienter.

Wie bei einer Sammellinse gibt es zwei „Bildebenen“ (gepunktete Linien). An beiden Orten ist der Sonnenkegel gleich groß. Wir nutzen die Ebene, die vom Reflektor weiter entfernt ist.

BAUMATERIAL

Für unseren Solarkocher nutzen wir größtenteils gebrauchtes Material:

Parabolantenne
(50-100 cm Durchmesser)
Selbstklebende Spiegelfolie
(aus dem Bastelbedarf)
stabile Alu- oder Stahlblechprofile
Blechschrauben oder Blindnieten
(mit passendem Bohrer)
Filzrakel oder Schwamm
einfache Schere
Topf oder Pfanne (idealerweise aus Gusseisen mit dickem Boden)

TEIL 1: REFLEKTORSTÄNDER

Wir wollen, dass die Sonne senkrecht über dem Zentrum des Parabolspiegels steht. Da der Sonnenstand sich je nach Jahres- und Tageszeit ändert, muss das Gestell flexibel gebaut sein.

Die Satellitenschüssel wird am Rand mit drei gleichmäßig verteilten Löchern versehen.

Danach werden zwei 15 Zentimeter lange und ein 45 Zentimeter langes Blech als Füße ...

... ebenfalls durchbohrt und in den Löchern ...

... am Rand der Schüssel festgeschraubt oder festgenietet.

Durch Aufrichten oder Einklappen des langen Beins wird die Neigung verändert.

Am Rand fixieren wir nun eine Gewindestange genau senkrecht zum Zentrum.

TEIL 2: VERSPIEGELUNG

Als Reflektor kann man kleine Mosaikstückchen aus einem alten Spiegel brechen und aufkleben. Besonders effizient ist allerdings Spiegelfolie, da sie sich an die Parapolform perfekt anpasst.

Zunächst wird Staub und Schmutz entfernt. Fettrückstände kann man mit Spiritus beseitigen, damit die Folie gut klebt.

Wir nutzen eine sogenannte genäherte Kugelabwicklung. Dazu werden die Folienstücke spindelförmig zugeschnitten.

Los geht's mit dem mittleren Stück. Die Folie muss mit einem Rakel oder einem Schwamm von innen nach außen bearbeitet werden, so dass keine Blasen mehr vorhanden sind – die Überstände kann man einfach abschneiden.

Zum Abdimmen, Umrühren oder Umstellen sollte ein alter Teppich oder Handtuch griffbereit sein.

TEIL 3: KOCHGESTELL

Zum Bau des Kochgestells nuzten wir ein einfaches Dreibein, das über den Reflektorspiegel passt. Wenn man schon ein Dreibein zum Grillen hat, kann das natürlich auch verwendet werden.

1 Drei Stangen aus alten Aluprofilen oder Baustahl werden auf etwa anderthalb Meter Länge zugeschnitten.

2 Damit das Dreibein stabil steht, werden die Stangen oben zum Beispiel mit einem stabilen Draht oder einer Schraube miteinander verbunden.

3 Wir nutzen einen dickwandigen Gusseisentopf, der mit einem Draht oder einer Kette etwa auf der vorher ausgemessenen Höhe schwebt.

TEIL 4: NUTZUNG

Ganz wichtig: Während der Spiegel auf die Sonne ausgerichtet ist, sollte man nicht in den Strahlengang kommen. Um das zu vermeiden, wird nach einer bestimmten Reihenfolge gearbeitet.

Der Spiegel wird in die Sonne so gedreht und geneigt, dass der Schatten des Ausrichtungsstifts verschwindet.

Der Standpunkt der Füße wird markiert und der Spiegel etwa 90° um das hintere Bein gedreht.

Nun das Dreibein zwischen Spiegel und Sonne aufstellen, den Topf befüllen und auf die richtige Höhe hängen.

Anschließend wird der Spiegel in die ursprüngliche Position bewegt und der Topfboden überprüft.

Zum Nachstellen wird immer der Spiegel bewegt – niemals der Topf, da die Gefahr sich zu verletzen einfach zu groß ist.

COOL BLEIBEN

Bei einem Zusammenbruch des Stromnetzes steht nahezu alles still. Jeder Haushalt merkt das beim Kühlschrank besonders schnell. Der Prepper-Kühlschrank kommt auch ohne Strom aus und ist ganz einfach zu bauen.

Unsere Abhängigkeit vom Strom ist gewaltig. Fällt er aus, läuft praktisch alles aus dem Ruder: Das Licht bleibt aus, Tankstellen pumpen kein Benzin mehr, Bankautomaten spucken kein Geld mehr aus, und die Heizung bleibt kalt. Einer wird allerdings warm: der Kühlschrank. In der Folge leidet die Haltbarkeit der darin gelagerten Lebensmittel.

Doch schon lange vor der Nutzbarmachung des Stroms mussten Lebensmittel zur Haltbarmachung gekühlt werden. Und in vielen Gegenden der Welt, auch klimatisch heißen, existiert bis heute kein flächendeckendes Stromnetz. Wie kühlte und kühlt man also dort Lebensmittel?

In Ländern mit Eisvorkommen etwa wurden früher Eiskeller und -gruben angelegt und mit Eisblöcken gefüllt. In den heißen und trockenen Gebieten dieser Welt findet man mit dem Tonkrugkühler auch heute noch ein simples, aber effizientes System zum Kühlen von Lebensmitteln, das auf der Verdunstung von Wasser basiert.

Verdunstung kennt jeder: Die nasse Wäsche trocknet, wenn man sie aufhängt, eine Pfütze auf der Straße löst sich förmlich in Luft auf – und das, obwohl die Außentemperatur weit unter dem Siedepunkt von Wasser liegt. Beim Verdunsten tritt noch ein weiterer Effekt auf, den jeder schon mal gespürt hat: Es wird kühl. Genau aus diesem Grund ist das Schwitzen bei körperlicher Anstrengung oder heißer Umgebungstemperatur ein erwünschter Vorgang: Denn wenn der Schweiß vom flüssigen in den gasförmigen Zustand übergeht, wird dem Körper Wärme entzogen. So gelingt es uns, die Körpertemperatur konstant zu halten.

HINTERGRUND

Der bei Preppern populär gewordene Tonkrugkühler wurde in den 1990er Jahren vom nigerianischen Hochschullehrer Mohammed Bah Abba, der aus einer Töpferfamilie im Norden Nigerias stammt, erfunden – oder vielmehr wiederentdeckt. Denn schon auf ägyptischen Malereien aus der Zeit um 2.500 vor Christus sind Sklaven abgebildet, die Tonkrüge mit Fächern belüften, um so den Verdunstungsprozess zu unterstützen. Abbas Engagement ist es zu verdanken, dass Zehntausende Landwirte und Familien nun die Möglichkeit haben, ihre Lebensmittel zu kühlen und dadurch länger haltbar zu machen.

MATERIAL

- **2 Terrakotta-Töpfe** (der eine etwas größer) aus dem Bau- oder Gartenmarkt
- **Sand** (feinkörnig)

Mahlzeit: Nicht nur Lebensmittel halten länger, wenn sie gekühlt werden. Auch Medikamente sollten kühl gelagert werden.

Das Entziehen von Wärmeenergie durch Verdunstung ist bei unserem selbstgebauten Prepper-Kühlschrank (auch als „Topf im Topf"-Kühlschrank bekannt) das grundlegende Prinzip. Der Bau eines solchen Kühlschranks ist denkbar einfach. In ein poröses, wasserdampfdurchlässiges Behältnis – typischerweise ein nicht glasierter Topf, etwa aus Terracotta – stellt man einen kleineren Terracottatopf, so dass dieser auf gleicher Höhe oder minimal höher abschließt. Der äußere Topf sollte so geformt sein, dass er im Verhältnis zum Volumen möglichst viel Oberfläche aufweist. Der Innentopf dient der schonenden und hygienischen Lagerung der Lebensmittel und sollte möglichst wärmeleitfähig sein. Ist er zudem glasiert, ist sein Inhalt vor dem Eindringen von Wasser geschützt.

Den Zwischenraum zwischen den Töpfen füllt man mit möglichst feinkörnigem Sand auf, der bis zur Sättigung gewässert wird. Der Sand dient als Wasserspeicher, der das Wasser dank der großen Oberfläche seiner Körner gleichmäßig abgibt. Oben drauf kommt ein Deckel oder ein feuchtes Tuch.

Die Feuchtigkeit aus der Sandschicht dringt durch die Tonschicht des äußeren Topfes und verdunstet an dessen Oberfläche. Dabei wird dem Wasser Wärme entzogen, was wiederum den inneren Topf und dessen Inhalt kühlt. Es geht sogar noch einfacher: Anstelle des äußeren Tonkrugs kann man zum Beispiel auch einen mit feuchtem Sand gefüllten Sack benutzen. Hauptsache, das Wasser verdunstet.

Je geringer die relative Luftfeuchtigkeit ist und je größer der Luftaustausch, desto besser kann das Wasser verdunsten. Mehrere kleine Tonkrugkühlschränke sind zudem effektiver als ein großer.

Achtung: Auch wenn Wärme generell ein entscheidender Faktor für die Verdunstung ist, sollte man einen Tonkrugkühlschrank nicht der direkten Sonneneinstrahlung aussetzen. Stattdessen empfiehlt es sich, den Prepper-Kühlschrank an einem schattigen, trockenen und gut belüfteten Platz aufzustellen oder aufzuhängen. Die Abkühlung des Inhalts im Vergleich zur Außentemperatur reicht von wenigen Grad Celsius bis hin zu 20 Grad und mehr. Doch schon wenige Grad können einen deutlichen Unterschied machen.

Luftaustausch: Die für die Abkühlung verantwortliche Verdunstung wird durch regen Luftaustausch unterstützt. Deshalb sollte auch von unten Luft rankommen.

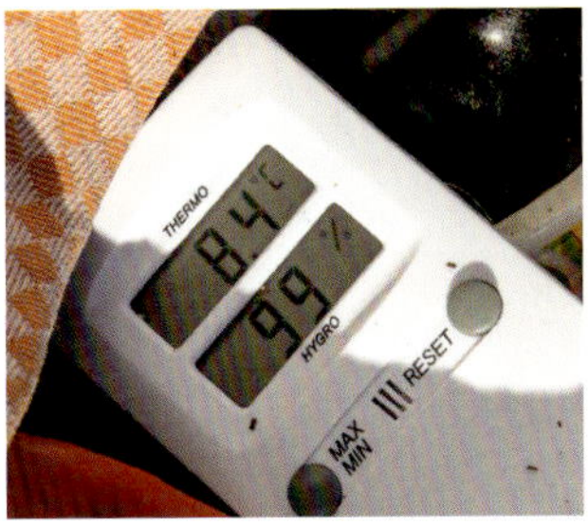

Messbar: Im Inneren des Prepper-Kühlschranks ist es deutlich kühler als draußen.

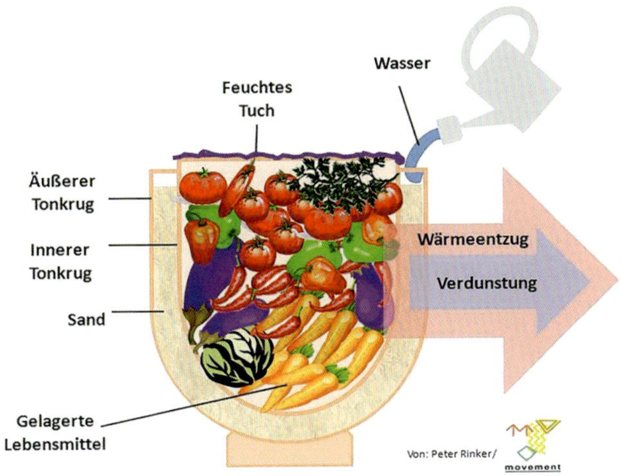

So geht's: Kühlwasser wird immer wieder aufgefüllt.
(Grafik: Wikimedia/Peter Rinker)

Die Wand des äußeren Gefäßes muss wasserdurchlässig sein (nicht glasierte Terracotta-Töpfe, wir hier zu sehen, gibt es im Baumarkt). Der innere Topf kann, muss aber nicht wasserdurchlässig sein.

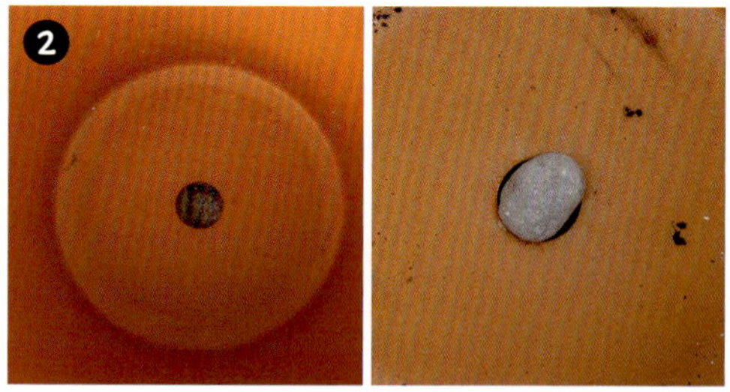

Ein Loch am Boden des äußeren Topfs ist natürlich kontraproduktiv – aber oft die Regel. Damit das Wasser und der Sand später nicht herausrieseln, verschließt man das Loch, so gut es geht.

Zum Abdichten kann man Steine nutzen. Besser funktioniert Klarsicht- oder Alufolie, die man mit Kraftklebeband (das sollte man immer greifbar haben; hier auf einen alten Ausweis aufgewickelt) fixiert.

Da der Inhalt des Innentopfs nicht nass werden soll, nutzt man entweder einen wasserdichten Topf – oder man kleidet ihn mit einer Tüte aus, wie wir es getan haben.

Als Wasserspeicher zwischen Innen- und Außentopf hat sich Sand bewährt. Den befreit man so lange von Pflanzenresten und Steinen, bis er möglichst feinkörnig ist.

Der kleinere Innentopf soll später mit dem Rand des Außentopfs abschließen. Deshalb füllen wir zunächst zur Erhöhung genügend Sand ein.

Wenn der Innentopf ganz leicht übersteht, ist das auch okay. Es kann sogar von Vorteil sein, da es die Wahrscheinlichkeit verringert, dass der Inhalt in Berührung mit dem Sand kommt.

Hat der Innentopf die richtige Höhenposition, füllt man den Zwischenraum zum Außentopf mit dem Sand auf. Die Schicht sollte zwischen zwei und fünf Zentimeter dick sein.

Hier sieht man, wie hoch der Sand reicht. Die Aufgabe des Sands ist es, die Feuchtigkeit aufzunehmen und gleichmäßig an die wasserdurchlässige Außenwand abzugeben.

Wir wässern die Sandschicht, bis kein Wasser mehr aufgenommen wird. Dabei muss man aufpassen, dass der Innentopf nicht „aufschwimmt“. Verdunstetes Wasser wird regelmäßig nachgefüllt.

Zum Abschluss noch den Deckel drauf: Auch das Tuch sollte nass sein und immer wieder nachgefeuchtet werden.

HEISSES WASSER DURCH DIE SONNE

Was tun, wenn die Leitung kalt bleibt? Hoffen, dass die Sonne scheint. Ein effizienter Sonnenkollektor für die autarke Heißwasserversorgung ist nämlich schnell gebaut.

Jeder, der schon mal Teewasser aufgesetzt hat, kennt die physikalische Besonderheit von Wasser: Es nimmt unglaublich viel Energie auf, bevor es um ein Grad wärmer wird. Das macht sich in vielen Lebensbereichen deutlich bemerkbar, insbesondere beim Verbrauch von Gas oder Strom zur Warmwasseraufbereitung. Etwa ein Fünftel der gesamten verbrauchten Energie in Haushalten geht auf Kosten des Heißwassers.

Was zu normalen Zeiten die Finanzen belastet, kann in Notsituationen richtig problematisch werden. Wenn die Leitung kalt bleibt, braucht man alternative Lösungen. Wer Wasser mit Feuerholz oder mit Kartuschengas erhitzt, verbraucht aber Unmengen von Brennstoff – und die Energie ist verloren, wenn das Wasser den Abfluss hinunter gurgelt. Die Effizienz beim Erhitzen von Wasser mit Feuer oder Gas ist gering – das meiste geht am Topf vorbei verloren.

Verantwortlich für den hohen Energieverbrauch ist die große spezifische Wärmekapazität des Wassers. Diese ist für den Menschen so wichtig, dass sich eine Energieeinheit komplett danach orientiert: Die allseits bekannte Kalorie ist genau die Energie, die ein Gramm Wasser zum Erwärmen um ein K (Kelvin) braucht.

Da die Effizienz beim Erhitzen von Wasser im Topf relativ gering ist und ziemlich viel Wärme verloren geht, verbraucht man eine ordentliche Menge Brennstoff, um heißes Wasser zu bereiten oder vorzuhalten. Erfahrungsgemäß sind es rund 15 bis 20 Gramm Gas je Liter Kochwasser. Ganze 200 Gramm Gas würden also pro Tag verbraucht, wenn wir von 20 Litern Heißwasser

GUT ZU WISSEN

Wenn es in Berechnungen um Differenzen geht, werden diese mit dem griechischen Buchstaben „Δ" (Delta) gekennzeichnet. Temperaturunterschiede in Bezug auf Wärmeenergie werden in Kelvin angegeben. 0 Kelvin entspricht -273° Celsius. Dementsprechend sind 0° Celsius 273 Kelvin. Ein Unterschied von einem Kelvin entspricht einem Grad Celsius.

ausgehen. Dabei steht ja eigentlich Sonnenenergie in großen Mengen zur Verfügung. Mit ihrer Strahlung kann man einen guten Teil der benötigten Energie durch Vorheizen einsparen. Im Sommer kann sogar die komplette Warmwasserbereitung über Solarkollektoren sichergestellt werden.

Die Sonne ist der mit Abstand stärkste Energieproduzent, auf den wir Zugriff haben. Dabei ist die in Mitteleuropa bei klarem Wetter ankommende Wärmestrahlung erheblich stärker, als man glauben mag. Je Quadratmeter liegt sie bei etwa 1000 Watt im Sommer und 500 Watt im Winter. Ein Watt entspricht einem Joule pro Sekunde. Solarkollektoren mit etwa 70 Prozent Wirkungsgrad können im Sommer eine Leistung von 700 Joule je Sekunde und Quadratmeter ans Wasser abgeben. So braucht man mit einem Quadratmeter Kollektorenfläche nur rund sieben Minuten, um einen Liter Wasser von zehn auf 80° Celsius zu erhitzen. Im Winter bei klarem Himmel sind es rechnerisch etwa 14 Minuten.

Gute Funktion: Moderne Kollektoren sind technisch aufwändig, erzeugen aber auch im tiefen Winter sehr effizient Heißwasser.

Um Wasser zu erwärmen, braucht man ein teilgeschlossenes System: Die Energie der Sonnenstrahlung soll eindringen, aber nicht wieder verloren gehen. Und sie soll möglichst komplett aufs Wasser übertragen werden. Aufgebaut sind Flachkollektoren nach dem Prinzip eines Gewächshauses. Auf den folgenden Seiten bauen wir für wenige Euro einen solchen Kollektor und die dazu passende Wasserführung.

Bei unserem Low-Budget-Eigenbau müssen wir leichte Einbußen in der Effizienz in Kauf nehmen – im Vergleich zu fertigen Kauf-Lösungen, die etwa 150 Euro pro Quadratmeter kosten. Weil Sonnenenergie kostenlos ist, stört uns das nicht unbedingt.

Wir arbeiten mit einfachen, aber unschlagbar günstigen Bauteilen, die normalerweise für die Bewässerung von Feldern und Gärten genutzt werden. Abzweigungen,

BERECHNUNG DER WÄRMEENERGIE

Für die Berechnung der Wärmeenergie nutzt man diese Formel:
ΔT (Temperaturunterschied) = ΔQ (zugeführte Energie in Joule) geteilt durch [m (Masse) mal c (spezifische Wärmekapazität, also beim Wasser 4,18 kJ/kg)].
Um die nötige Energiemenge zu berechnen, nutzt man Q = m*c*ΔT. Die berechneten Energiemengen werden bei Sonnenkollektoren mit rund 70 Prozent angenommen.

Ein Thermosiphon, wie er in südlichen Ländern gängig ist: Mit zwei Quadratmetern werden typischerweise rund 200 Liter aufgeheizt.

Fittings, Verschlüsse, Schläuche und dergleichen für den genormten Wasseranschluss im Haus sind teuer und haben einen erheblichen Nachteil: Sie sind in der Regel aus HD-PE (High-Density-Polyethylen) gefertigt und damit nicht UV-stabil. Ganz im Gegensatz zu den UV-stabilisierten Verlegerohren und -Anschlüssen für landwirtschaftliche Zwecke. Sie kosten Centbeträge und dürfen das ganze Jahr über draußen in der prallen Sonne liegen. Und in der Sonne werden die Schläuche ganz sicher dauerhaft sein. Allerdings sind die meisten Bewässerungsschläuche nicht für Trinkwasser zugelassen – wir konzipieren unseren Heißwasserkollektor jedoch ohnehin für Brauchwasser für den Abwasch und zur Körperhygiene.

Bei Wassersystemen unterscheidet man zwischen offenen und geschlossenen Kreisläufen. Geschlossene Systeme sind diejenigen, die gewöhnlich in Deutschland auf Hausdächern genutzt werden. Wasser, meist vermischt mit einem Frostschutzmittel, wird im Kollektor aufgeheizt und mit Hilfe einer Kreiselpumpe durch einen Wärmetauscher im Warmwasserspeicher geführt.

Das im Wärmetauscher abgekühlte Wasser wird wieder in den Kollektor geleitet und neu aufgeheizt. Dabei sind der Heizkreislauf und der Brauchwasserkreislauf komplett voneinander abgetrennt. Weil verdunstete Flüssigkeit im Heizkreislauf nicht so einfach nachgefüllt werden kann, muss das System in sich geschlossen sein. Wasser dehnt sich allerdings aus, wenn es heiß wird. Also muss neben der Regel- und Pumpanlage in einem geschlossenen System mindestens eine Entlüftung, ein Überdruckventil und ein Druckausgleichsgefäß vorhanden sein. Ansonsten können die Zuleitungen platzen oder undicht werden. Zudem kann das Wasser im Kollektor überkochen, falls der Strom ausfällt und deshalb die Zirkulation stagniert.

Tatsächlich entstehen in solchen Fällen schnell erhebliche Temperaturen und Drücke. Daher sind stromunabhängige Schutzeinrichtungen notwendig, um Explosionen zu verhindern.

In vielen Regionen der Welt nutzt man die Wärmeausdehnung von Wasser aber, um die komplette Elektrik einzusparen. Erwärmtes Wasser ist durch den Volumenzuwachs leichter als kaltes und steigt nach oben. Verbindet man Ein- und Ausgang des Kollektors mit einem darüber angebrachten Tank, zirkuliert das Wasser darin von allein, ohne dass Steuerelektrik oder eine Pumpe notwendig wären. Das System nennt sich Thermosiphon und funktioniert praktisch energie- und wartungsfrei. Nicht nur im Kollektor, sondern auch im Tank schichtet sich das heiße Wasser automatisch über das kalte. Frischwasser aus der Leitung wird von unten in den Tank zugeführt, Warmwasser kann oben abgezapft werden.

In Deutschland ist ein solches System nicht ohne weiteres für den Hauswasseranschluss zulässig, da durch die Hitzeaus-

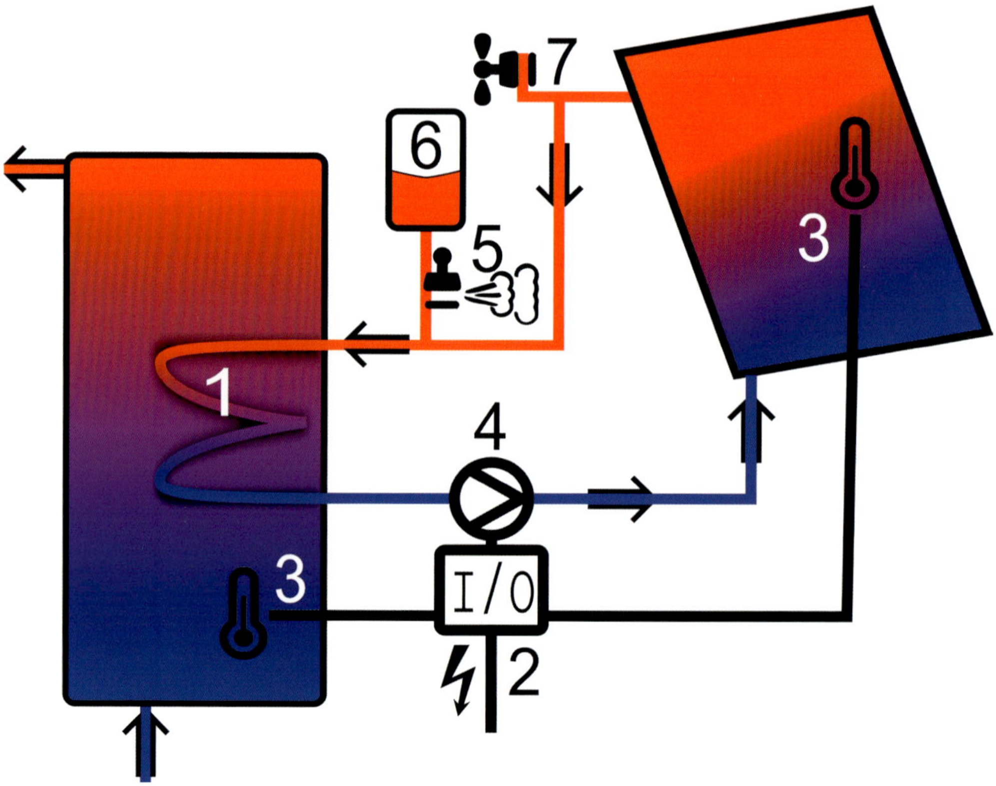

Typisches geschlossenes System mit Wärmetauscher (1) im Wasserspeicher, wie es in Mitteleuropa oft genutzt wird: Die Zirkulation wird durch eine elektrische Schalteinheit (2) mit Sensoren (3) und Pumpe (4) angetrieben. Der abgeschlossene Heizkreislauf benötigt mindestens ein Überdruckventil (5), ein Ausgleichgefäß (6) sowie eine Entlüftung (7).

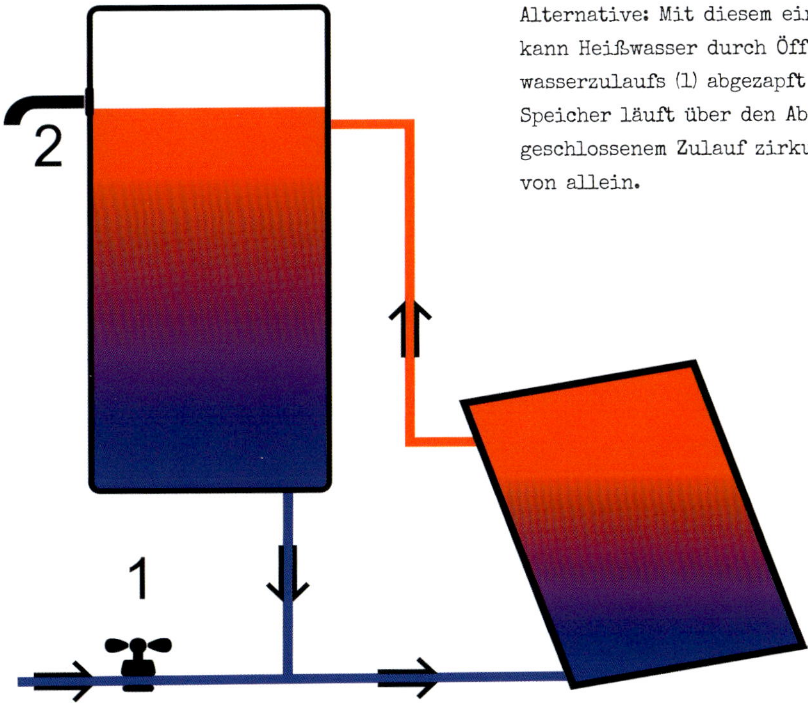

Alternative: Mit diesem einfachen System kann Heißwasser durch Öffnen des Kaltwasserzulaufs (1) abgezapft werden. Der Speicher läuft über den Abfluss (2). Bei geschlossenem Zulauf zirkuliert das Wasser von allein.

dehnung Wasser aus dem System in die Frischwasserleitung zurück gepresst werden könnte. Also braucht man ein Rückschlagventil, was das System in sich wiederum schließen würde. Dann hätten wir die selben Schwierigkeiten wie bei einem klassischen System mit Überdruckventil und Ausgleichsbehälter.

Für die autarke Warmwasserversorgung gehen wir deshalb einen etwas anderen Weg: Vom Hauswasseranschluss oder einem Speicher, beispielsweise einer Regentonne, führen wir eine verschließbare Leitung als Zulauf in die untere Leitung zwischen Speichertank und Kollektor. Der Deckel des Speichertanks ist nicht komplett luftdicht. Sollte das System überkochen beziehungsweise das Wasser sich beim Aufwärmen stark ausdehnen, kann der Druck über den Deckel entweichen. Zur Wasserentnahme wird ein Ablauf an der Oberseite des Speichers über dem Heißwasserrückfluss angebracht. Öffnet man den Zulauf, überströmt der Wasserspiegel den Überlauf, und es fließt heißes Wasser aus der Leitung.

Allerdings muss man beachten: Wenn das Wasser durch niedrige Außentemperaturen oder schlechte Isolation im Sammeltank längere Zeit warm, aber nicht richtig heiß wird, können Keime und Algen wachsen und Schläuche verstopfen. Schlimmstenfalls vermehren sich Krankheitserreger wie Legionellen. Es gilt: Wenn das Wasser so heiß ist, dass man die Finger nicht dauerhaft darin lassen kann, besteht keine Gefahr.

TEIL 1: BAU DES KOLLEKTORS

AUFBAU

Der Aufbau des Kollektors ist relativ einfach: In einer mit Luft gefüllten, aber nach außen hin isolierten Kammer liegen parallele dunkle Schläuche. In ihnen befindet sich Wasser, das von allein zirkuliert (mehr dazu im nächsten Heft). Sonnenlicht fällt durch eine Glasscheibe in diese Kammer und erwärmt die Schläuche und deren Inhalt. Um die Hitze in der Kammer weiter zu erhöhen, liegen die Schläuche auf einer dunklen Oberfläche. Diese verhindert, dass das Licht reflektiert wird. Damit die Schläuche nicht Wärme nach hinten verlieren, ist die dunkle Oberfläche selbst isoliert oder besteht aus isolierendem Material wie schwarz eingefärbtem EPS. Alles ist mit einer Glasscheibe abgedeckt, die wie ein Treibhaus funktioniert: Die nach innen gelangte Wärmestrahlung wird von innen an den Scheiben reflektiert und wieder auf die Schläuche zurück geworfen.

Die Kammer im Querschnitt: Die Rückwand muss gut isoliert werden. Eindringende Sonnenhitze kann so nur an das Wasser abgegeben werden.

MATERIAL FÜR UNSERE KAMMER

Zum Bau der Kollektorkammer greifen wir größtenteils auf Materialreste zurück:

- **ein altes Einfachglasfenster** (idealerweise mit Holzrahmen oder Kammeraufbau)
- **wetterfeste Platten** (Schnittreste von Siebdruckplatten oder OSB3 sind ideal geeignet – benötigt wird die doppelte Fläche des Fensterrahmens)
- **Isolationsmaterial** (egal ob Steinwolle, EPS oder trockene Schilfstängel – alles, was warm hält, ist geeignet)
- **Dachlatten oder Leisten mit etwa zwei Zentimeter Stärke** (benötigt wird der Umfang des Fensterrahmens)
- **dicke schwarze Farbe** (besonders gut geeignet ist abdichtende Sockel- oder Dachfarbe beziehungsweise Teerpappenkleber)
- **Acryldichtmasse** (oder alternativ Silikon)
- **Schrauben** (oder Nägel)

Die Außenmaße des Fensters werden im ersten Schritt auf die beiden Holzplatten übertragen.

Beide Holzplatten werden auf Fenstergröße zugesägt. Schnittreste können auch gestückelt werden, wenn man sie abdichtet.

Die Ränder der Platten werden mit einer Feile etwas entgratet oder mit Sandpapier abgerundet.

Als nächstes wird ein Stück Dachlatte mit genau der Breite der schmaleren Brettseite abgemessen.

Anschließend müssen zwei Dachlattenabschnitte mit der langen Brettseite minus einer Dachlattenbreite abgemessen werden.

Dazu ein Dachlattenabschnitt mit der kurzen Brettseite minus zwei mal der Dachlattenbreite. Die Dachlattenstücke werden zugesägt und anschließend entgratet oder abgeschliffen.

Die Dachlatten werden so auf einem Brett platziert, dass die obere Dachlatte (im Bild rechts) die längere der beiden kurzen ist.

Die beiden langen Leisten leiten später Regenwasser an der untersten Dachlatte vorbei.

Die Dachlatten werden an der Kontaktstelle zum Brett jeweils mit Teerfarbe oder Dichtmasse bestrichen.

Von hinten wird alles festgeschraubt – herausdrückende Dichtmasse einfach abwischen.

Jetzt wird die Kammer mit dem Isolationsmaterial befüllt. Dabei darf nichts über die Leisten stehen.

Die Isolation der Kammer kann gestückelt werden. Dabei lässt sich auch besonders gut Verpackungsmaterial wie Styropor oder Schaumstoff recyceln.

Die Dachlatten werden nun auch oben abgedichtet, das obere Brett aufgeschraubt.

Anschließend muss die untere Leiste mit einigen Löchern versehen werden, damit eingedrungene Feuchtigkeit abziehen kann.

Oben und unten bohren wir durch die Rückwand jeweils ein schräg nach unten geneigtes Loch, damit kein Wasser eindringen kann.

Die jetzt isolierte Rückwand wird mit Teerfarbe oder mattem Lack vollflächig schwarz angestrichen.

Nach dem Trocknen der Farbe kann der Fensterrahmen aufgesetzt und testweise festgeschraubt werden.

Der Rahmen für den Wärmetauscher ist nun fertig und kann mit dem Innenleben ausgestattet werden.

TEIL 2: INNENAUSBAU UND WASSERANSCHLUSS

AUFBAU

Ausgehend von unserer isolierten Kammer ist der Aufbau des Thermosiphons recht einfach. Wir füllen seinen isolierten Innenraum hinter der Glasscheibe mit zahlreichen parallel angeschlossenen Schlauchabschnitten, die von unten nach oben verlaufen. Je kleiner und zahlreicher diese Schläuche sind, desto höher ist die Effizienz des Kollektors. Allerdings wird der Durchflusswiderstand höher und die Zirkulation unterbricht schneller, wenn die Sonne nicht intensiv scheint.

Der Anschluss erfolgt so, dass die untere Zusammenführung der parallelen Schläuche mit der Unterseite eines Warmwasserspeichers verbunden wird. Durch diesen Schlauch fließt kühleres Wasser aus dem Speicher in den Sonnenkollektor. Die obere Zusammenführung wird mit dem oberen Drittel des Behälters verbunden. Durch diesen Abschnitt fließt heißes Wasser in den Tank zurück. Der Warmwasserspeicher wird oberhalb des obersten Kollektor-Schlauchs platziert. Idealerweise baut man sich ein entsprechendes Gestell.

Der Kollektor sollte möglichst rechtwinklig zur Sonne stehen. Etwa 45° zum Horizont und direkt nach Süden ausgerichtet sind bei stationärem Aufbau meist gute Werte. Wer den Kollektor abhängig von der Jahreszeit genauer ausrichten will, montiert einen senkrechten Stab auf den Kollektor und dreht und neigt alles einmal im Monat, bis der Schatten zur Mittagszeit möglichst kurz ist.

MATERIAL

- **ca. 25 Meter schwarzer Bewässerungsschlauch** (aus PVC oder UV-stabilisiertem PE)
- **20 bis 30 passende T-Stücke** (zum Einstecken in den Schlauch)
- **mehrere Eckverbinder**
- **Verschraubungen mit Dichtringen**
- **Nägel** (zum Befestigen der Schläuche)
- **1 dickwandiger oder isolierter Weithalsbehälter 20 bis 50 Liter Volumen** (in den Fotos wurde zur besseren Darstellung ein kleinerer Behälter verwendet)

Ideale Basis: Für drucklose Wassersysteme sind Schläuche und Anschlüsse aus Landwirtschaft und Gartenbau gut geeignet.

Die T-Stücke und Eckstücke werden so gekürzt, dass sie möglichst nah nebeneinander zusammengesteckt werden können.

Schlauchabschnitte zuschneiden: Diese müssen genau so lang sein wie die beiden Anschlussnippel der T-Stücke.

Begonnen wird mit einem Eckstück: Darauf wird das erste kurze Schlauchsegment aufgeschoben.

Anschließend werden so viele T-Stücke mit den Schlauchstückchen zusammengesteckt, dass die Zusammenführung genau so breit ist wie die Scheibe der Isolierkammer.

Das letzte T-Stück bleibt offen. Hier wird später die Zu- und Ableitung zum Kollektor angeschlossen.

Im nächsten Schritt bauen wir eine zweite, identische Zusammenführung.

Dann schneiden wir so viele scheibenlange Schlauchabschnitte, wie freie parallele Anschlussnippel vorhanden sind.

Die T-Stücke der Zusammenführungen werden zu einem Wärmetauscher verbunden. Dabei muss darauf geachtet werden, dass die Schläuche nicht verdreht sind.

Der Wärmetauscher wird auf dem schwarzen Untergrund mit Nägeln fixiert. Je flacher er aufliegt, desto besser.

Dann wird der Anschluss des offenen T-Stücks mit einem Schlauch verbunden und durch die Löcher in der Rückwand geführt.

Das Fenster wird auf dem Rahmen festgeschraubt. Wenn alles dicht ist - und bleibt - wird der Rahmen noch mit Dichtmasse abgedichtet.

Dann bekommt die untere Schlauchleitung ein T-Stück für die Kaltwasserzuleitung.

An der Kaltwasserzuleitung muss ein Absperrhahn angebracht und mit dem Wasseranschluss verbunden werden.

Der Warmwasserspeicher sollte dann möglichst weit unten, sowie 15 Zentimeter und nochmal zehn Zentimeter von der oberen Öffnung aus gemessen durchbohrt werden.

Anschließend werden die Löcher mit Verschraubungen versehen und wenn notwendig mit einer Gummidichtung unterlegt.

Die obere Verschraubung ist die Warmwasserentnahme. Die darunter liegende wird mit dem oberen Kollektor-Schlauch verbunden.

Die untere Verschraubung wird an das T-Stück mit der Wasserzuleitung angeschlossen.

Der Wasserspeicher wird oberhalb des Kollektors platziert. Dieser wird dann zur Sonne ausgerichtet. Jetzt kann das System mit Wasser gefüllt werden.

Nach entsprechender Aufheizzeit kann der Kaltwasserzulauf geöffnet werden – das Wasser läuft bis zur obersten Verschraubung.

Nach dem Schließen schichtet sich das warme Wasser über das kalte. Der Pegel pendelt sich von allein so ein, dass kein Wasser verloren geht.

SCHNELLER SCHUSS

Für die Jagd auf Kleintiere – natürlich nur in Krisen- und Notsituationen – eignet sich eine gute Schleuder. Wir zeigen, wie man ein Exemplar baut, das in jede Tasche passt.

Viele Prepper setzen für die Jagd auf Eichhörnchen, Kaninchen oder Wildvögel auf eine leistungsfähige Schleuder. Da man auch kleine Steinchen als Munition verwenden kann, ist das eine autarke Waffe.

Mit einem Aufbau aus Astgabel, Gummi und Lederflicken kennt man Steinschleudern – und so sahen sie jahrzehntelang aus. Bis irgendwann das US-Unternehmen „Pocket Shot" daher kam und das Konzept neu dachte. Und zwar so: Statt der Astgabel kommt eine runde Kunststoffhalterung zum Einsatz und statt dem Gummiband ein stabiler Latexbeutel.

Mit einem Packmaß von zylinderförmigen 60 mal 39 Millimetern und einem Gewicht von 60 Gramm (inklusive dem Schraubverschluss, mit dem sich Munition mitführen lässt) wurde die Schleuder so absolut hosentaschentauglich, ohne an Leistungsfähigkeit einzubüßen. Man kann die Pocket Shot fertig kaufen, je nach Modell zwischen 30 und 50 Euro.

Man kann sich aber auch selber eine solche Schleuder bauen. Wir haben uns das Konzept zum Vorbild genommen und praktisch zum Nulltarif eine Prepper-Variante gemacht. Genauer gesagt sogar drei Varianten. Sie sind nicht ganz so stark wie die originale Pocket Shot, denn einen so starken Gummi findet man nicht einfach so. Doch mit Acht-Millimeter-Stahlkugeln und auch größeren Steinchen und Murmeln schießen unsere „Hobo-Schleudern" recht zackig.

Das Vorbild: Hier ist eine originale Pocket-Shot-Schleuder zu sehen, die sich durch kleines Packmaß und Leistungsfähigkeit auszeichnet.

PROJEKT 1: KLEIN, ABER...

Wer glaubt, dass Luftballons nur für Kindergeburtstage taugen, wird hier eines Besseren belehrt. Mit einer geeigneten Kunststoffflasche wird daraus eine Schleuder, die konstruktiv nah am Original ist.

Die verwendete Kunststoffflasche sollte eine möglichst große Öffnung haben und zumindest im Halsbereich sehr stabil sein.

Wir sägen den Deckel mitsamt Hals von der Flasche ab. Dann entfernen wir mit einer scharfen Klinge den Überstand.

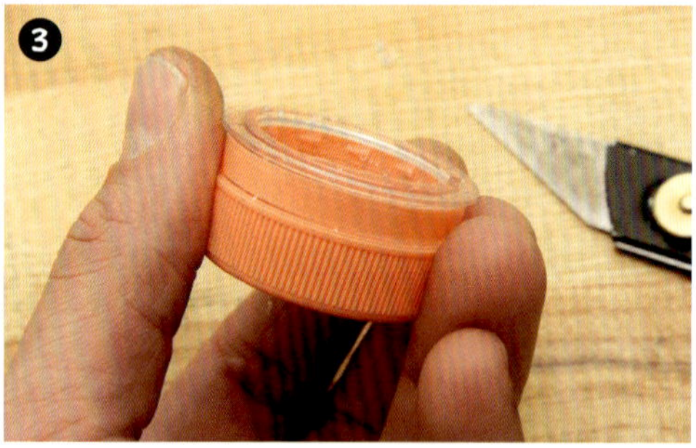

Nach der Arbeit mit dem Messer können immer noch kleinere Überstände vorhanden sein, die in einem der nächsten Schritte entfernt werden.

Um die kleine Schleuder voll funktionsfähig zu machen, braucht man den Deckel und auch den darunter liegenden Ring.

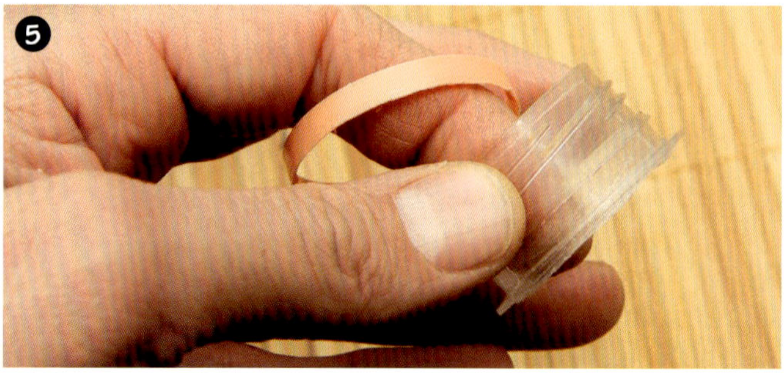

Der abnehmbare Ring kommt später beim Fixieren des Zuggummis zum Einsatz.

Jetzt entfernen wir noch die letzten Unebenheiten und scharfen Kanten, die den Gummi beschädigen könnten, mit Sandpapier.

Die Schleifreste werden unter fließendem Wasser abgespült.

Dann lassen wir alle Bestandteile gut abtrocknen.

Für die Schleuder brauchen wir nur noch einen Luftballon. Versuche mit dem Küchenhandschuh (unten) brachten nicht den gewünschten Erfolg.

Wir teilen den Luftballon am Übergang des Bauchs zum Hals. Je nach verwendeter Flasche kann der Ballon größer oder kleiner sein.

Beim Schneiden sollte man auf eine möglichst gerade Schnittkante achten. Dann passt der Ballon besser auf den Hals.

Nun stülpen wir den Luftballon von unten her über den blanken Flaschenhals.

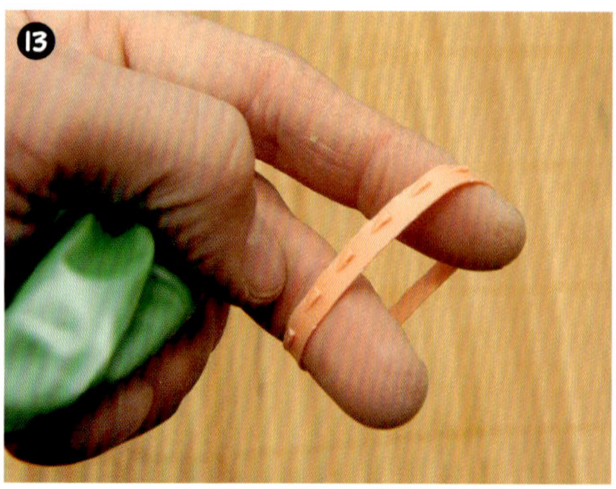

Bei vielen Flaschen ist der Ring unterhalb des Schraubverschlusses innen geriffelt. Wir drehen ihn deshalb auf links.

Wir schieben den Ring von oben über das Gewinde, bis er auf der abgesägten Flaschenhalsschulter aufsitzt.

Dann rollen wir den Luftballon von der Schnittkante ausgehend nach und nach ab.

Bei manchen Flaschenhals-Konstruktionen kommt der letzte „Umschlag“ in einer Gewindeführung besonders sicher zu liegen.

Zum Transport der Munition kann man einfach den Luftballon nutzen. Runde Stahlkugeln beschädigen den Gummi nicht und fliegen super!

So groß ist unsere Mini-Version der Schleuder in der Hand.

Und so kompakt ist unsere Variante im Vergleich zum Original.

PROJEKT 2: ZUGSTARK

Wer nicht auf ein hosentaschentaugliches Format achten muss, kann mit einem Stück Abflussrohr eine noch stärkere Variante der Schleuder bauen.

1

Mehr als diese drei Hilfsmittel benötigt man nicht für den Bau einer besonders zugstarken Variante der Pocket Shot.

2

Wie stark die Schleuder ist, wird maßgeblich vom Gummi bestimmt. Für das Leitungsrohrstück kann es ein sehr großer sein. Wir kappen ihn am Übergang zum Hals.

3

Wir stülpen wieder den Luftballon vom breiteren Ende ausgehend über das Kunststoffrohr.

4

Der Gummi wird auf dem Rohr abschließend mit ein paar Bahnen Kraftklebeband zuverlässig fixiert.

PROJEKT 3: GRIFFBEREIT

Diese Schleuder-Variante mit Griffstück macht das Zielen noch einfacher. Der Bau ist in wenigen Minuten erledigt.

Für dieses Projekt benötigt man ein T-förmiges Verbindungsstück für Wasserleitungen. Reste findet man gelegentlich in Schuttcontainern.

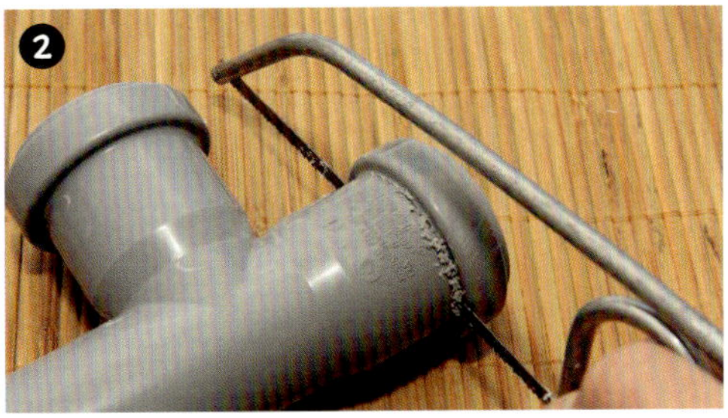

Wir sägen eine Stufe, an der sich die Geschosse verfangen könnten, mit einer Säge ab. Metallsägeblätter sind dafür gut geeignet.

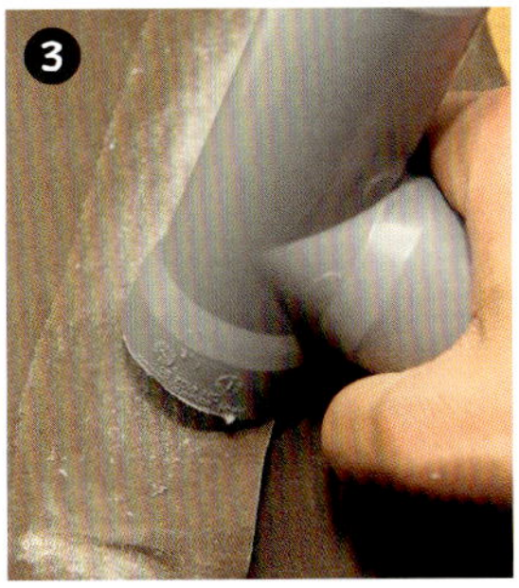

Dann wird die Sägekante mit Hilfe von Schleifpapier geglättet.

Wir schneiden einen geeigneten Luftballon am Übergang vom Hals zum Bauch mit einem scharfen Messer oder einer Schere durch.

Dann stülpen wir den Luftballon vom längeren, dünneren Ende ausgehend auf das vorbereitete Verbindungsstück.

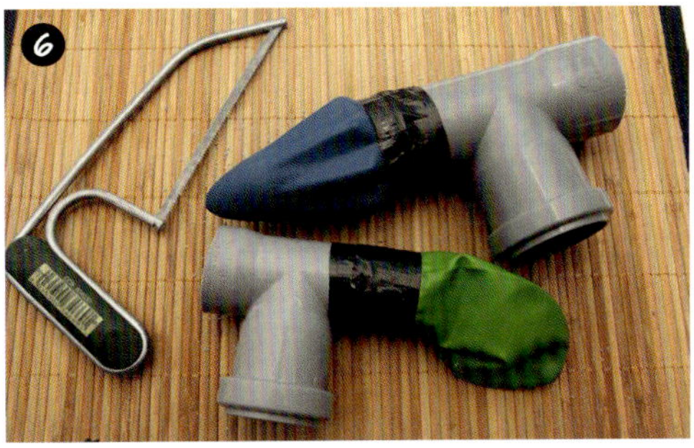

Der Luftballon wird wieder mit Kraftklebeband fixiert. Oben ein T-förmiger Aufbau mit einem originalen Pocket-Shot-Zugteil aus Latex.